Double de Z^{ane} 2597. Réserve R

2564

DE
LA LYCANTHROPIE,
TRANSFORMATION, ET
EXTASE DES SORCIERS.

*Où les astuces du Diable sont mises tellement en
euidence, qu'il est presque impossible, voire
aux plus ignorants, de se laisser
doresenauant seduire.*

*Auec la refutation des argumens contraires,
que Bodin allegue au 6. chap. du second
liure de sa Demonomanie, pour sou-
stenir la realité de ceste pretenduë
transformation d'hommes
en bestes.*

Le tout composé par I. DE NYNAVLD,
Docteur en Medecine.

A PARIS,
Chez NICOLAS ROVSSET, ruë de la Pelle-
terie, prés l'Horloge du Palais, à l'Image
S. Iacques, deuant la Chaire de fer.

M. DC. XV.
Auec Priuilege & Approbation.

A MONSEIGNEVR, MONSEIGNEVR

L'ILLVSTRISSIME ET REVERENDISSIME IAC-QVES, CARDINAL DV PER-RON, Grand Aumosnier de France, Archeuesque de Sens, Primat des Gau-les & de Germa-nie, &c.

MONSEIGNEVR,

Entre toutes les choses qui sem-blent dignes de grãde merueille au commun peuple, la Lycanthropie & le rapt de l'ame hors du corps, tiennent facilement le premier rang, & non sans cause : car d'autant plus que la chose surmonte les sens, d'autant plus aussi est elle admirable à l'homme animal. C'est pourquoy le commun peu-ple ne pouuant comprendre & apprendre les causes d'vne telle transformation, & en voyant

neantmoins l'apparence confirmée par l'ordinaire confession des Sorcieres, deferer le tout aux Demons : (refuge ordinaire des peu versez en la cognoissance des causes) Opinion tres-impie, & laquelle ie pretends refuter par ce petit traicté, afin
de maintenir la gloire de Dieu, contre les ruses
du Diable, & oster au peuple l'occasion de ne
plus pecher par ignorance.

Or d'autant que l'enuie & la calomnie atta-
quét ordinairement ceux qui entreprenent quelque chose de grand, i'ay recours à vous, Mon-
seigneur, afin que vous me soyez vn azile as-
seuré contre ceux qui me contrediront : La verité
que ie soustiens, la gloire de Dieu que ie main-
tiens me donnent asseurance que vous ombra-
gerez de vostre faueur ce mien foible escrit, qui
ne peut respondre au merite de la matiere : face
mieux qui pourra, & en style plus releué, quant
à moy ie me contenteray que vous approuuiez
mon essay, & m'en tiendray assez recompensé
si vous daignez me tenir.

MONSEIGNEVR,

Vostre tres-humble & tres-
obeissant seruiteur I. DE
NYNAVLD.

DE
LA LYCANTHROPIE,
TRANSFORMATION, ET
Extafe des Sorciers.

Que les hommes ne peuuent par aucun moyen du Diable eſtre transformez en beſtes. Item, que le Diable ne peut ſeparer l'ame du corps des Sorciers, en ſorte qu'a-prés quelque temps elle re-tourne en ſon corps, & viue.

CHAP. I.

COMBIEN que le Diable, pour acquerir credit ſur les humains, en les deſtournant de Dieu, taſche comme vn Singe mali-cieux de contrefaire les œuures admira-

bles de noſtre Dieu, ſi eſt-ce qu'il ne
peut en aucune façon changer les eſſen-
ces des choſes que par illuſion; illuſion
toutesfois qui ne ſe peut eſtendre proprement que ſur ceux qui ſont ſes eſclaues, & quelquesfois par permiſſion diuine, à cauſe de l'incredulité, ſur les debi-
les en la foy Chreſtienne : Quand donc
les Sorcieres diſent en leurs confeſſions
quelles ſe ſont muées en corbeaux, pies,
loups, pourceaux, chats, ſouris & ſerpens, ou autres ſemblables animaux, &
qu'eſtans ſoubs la forme d'vn corbeau, elles ont volé, croacé : ſoubs la forme d'vn
ſerpent, rampé, & ſoubs la forme d'vn
chat, ſont entrées par des trous petits, &
ſeulement proportionnez à la groſſeur
du corps d'vn vray chat, Item, que ſoubs
la forme d'vn loup, elles ont couru les
campagnes, deuoré des enfans, tué des
brebis, & autres ſemblables choſes, &
le tout apres s'eſtre oingtes de certains
onguents, que le Diable leur donne à
ceſt vſage, Ce n'eſt qu'vne pure fable &
illuſion du Diable, qui trompe ainſi les
ſens de ſes eſclaues, leſquels ont refuge

à luy : & tiens mesme que ceux qui
croyent telles choses sont indignes du
nom de Chrestien, & sont contempteurs
de Dieu, puis qu'ils derogent à sa gloire,
& l'aneantissent entant qu'en eux est, en
luy donnant compagnon, ou attribuant
tel, ou semblable pouuoir au Diable ennemy iuré de Dieu & du genre humain,
qu'au Createur & Conseruateur de tout
l'Vniuers.

Parquoy ils luy attribuent faussement
le pouuoir de changer l'essence des choses, attendu que cela ne peut appartenir
qu'à vn seul Dieu, lequel est ialoux de sa
gloire, & ne la veut communiquer à ses
creatures, comme ie demonstreray cy
apres.

Pour donc destourner les infirmes en
la foy Chrestienne de telles credulitez
impies, ie rendray la cause de ces choses,
& monstreray comme elles se font, & à
quelles fins, commençant premierement
par la Metamorphose des hommes en
bestes, laquelle Bodin au 6. chap. du second liure de sa Demonomanie confirme & asseure estre reelle, contre droit &

raiſon, & contre les maximes tant Théologiques, que Philoſophiques.

Contre les maximes Théologiques diſ-
je, entant que c'eſt vn blaſpheme de dire
& croire que reellement le Diable puiſſe
changer la nature des choſes contre l'habilité naturelle que le Createur leur à
deſpartie; Que ſi cela eſtoit, il faudroit
eſtablir deux principes, qui eſt vn autre
blaſpheme : Il ne faut doncques pas eſtimer que Dieu vueille communiquer aux
malins eſprits (leſquels il a priuez de ſa
grace, & adiugez au feu eternel) la puiſſance de creer, ou changer l'eſſence des
choſes, laquelle puiſſance il s'eſt reſeruée
à luy ſeul; & meſme ſelon icelle en l'Eſcriture il eſt appellé, comme par excellence, *le Createur* : De ceſte puiſſance à
fait mention noſtre Seigneur Ieſus-
Chriſt, quand il dit que Dieu peut ſuſci-
ter de pierres des enfans à Abraham ; leſquelles choſes auec vn million d'autres
ſont impoſſibles au Diable, ſelon l'Eſcriture , & le commun conſentement des
Theologiens : car il ne ſçauroit donner la
moindre vertu, ou proprieté à quelque
                                    choſe

chofe que ce foit : encores moins peut il
faire quelque chofe de rien ; il ne fçau-
roit auffi tranfmuer vn corps en fel, comme Dieu tranfmua la femme de Loth : Il
ne peut veritablement tranfmuer les verges en Dragons, ny l'eau en fang, ny engendrer des grenoüilles, ny tranfmuer la
poudre de la terre en poux, ny defioindre
la mer pour paffer au trauers des ondes,
ny rendre douce l'eau qui eft falée, ny la
faire fortir en touchant contre la pierre;
Toutes lefquelles chofes neantmoins
ont efté faites par Moyfe : Il ne peut auffi
amplifier les chofes petites, comme nous
voyons aduenir ordinairement aux grai-
nes, & autres chofes creées de Dieu : Il
ne peut rendre la veuë aux Aueugles, re-
fufciter les morts, changer par fa vertu
l'eau en vin, donner vie à aucune chofe, comme fift noftre Seigneur Iefus-
Chrift : faire nager le fer, comme fift
Elifée : Il ne peut auffi empefcher, cor-
rompre, ou deftourner le cours naturel
diuinement inftitué, ainfi que fift Iofué,
combatant les Amorrheens, & Ifaye
quand il affeura au Roy Ezechias qu'il

B

recouureroit fanté , & Iefus-Chrift lors
qu'il pendoit en l'arbre de la Croix : Il ne
peut auffi reftablir les chofes du tout de-
ftruites; faire defcendre la Lune du Ciel,
aymer les gens de bien , haïr les mefchans, cognoiftre les penfées fecrettes du
cœur : Il ne peut fe rüer dans le troupeau
des pourceaux fans la permiffion de noftre Seigneur Iefus Chrift, encores moins
peut-il entrer dans les corps des hommes, felon la volonté, imprecation, ou
maudiffon de quelque Sorciere. Finalement il ne peut preuoir comment Dieu
veut difpofer des Creatures, des Empires
& des chofes particulieres , auant que
Dieu en ait prononcé par fa bouche.

Comme cefte transformation preten-
düe par les Sorciers , repugne aux maximes Theologiques , Auffi repugne elle
aux maximes Philofophiques , entant
que les Philofophes croyent & tiennent
d'vn commun accord qu'vne efpece ne
peut eftre transformée en vne autre efpece. Item , qu'vne forme parfaite ne
peut commigrer en vne matiere rude &
groffiere. Et à cefte caufe Ariftote dit que

tout corps est fait pour sa forme, & selon
la perfection d'icelle, & non au contraire, d'autant que le corps est instrumem
de la forme. Doncques comment est-ce
que par la vertu d'vn onguent, ou autres
moyens du Diable, le corps d'vne Sorciere se peut transformer en loup, ou autres animaux (car i'ay desia monstré que
Metaphysiquement cela ne se pouuoit
faire que par le seul Createur de l'Vniuers) puisque les formes ne peuuent estre
transformées en autres diuerses formes.

Que si cela que les Sorciers affirment
estoit vray, où il faudroit que la forme
corporelle de l'homme se changeat en
celle de loup, (ce qui ne se peut, comme
i'ay monstré) ou que la forme du corps
humain perit, & qu'apres suruint en la
matiere la forme d'vn loup : ce qui est
tres-faux, car si ainsi estoit que la forme
du corps humain perit, l'ame se separeroit du corps, & s'en iroit au lieu que
Dieu a ordonné, & ne retourneroit plus.
Or l'ame ne se peut separer du corps que
premierement il ne soit priué de toutes
les trois facultez naturelles, assauoir Vi-
B ij

tale, Animale, & Naturelle, car elles pe-
riſſantes, la mort s'enſuit, & par conſequent la ſeparation de l'ame d'auec icelles, laquelle demeurant libre s'en retourne à ſa ſource premiere, d'où elle ne re-
tournera pour prendre corps, iuſques à
la reſurrection des morts, comme tous
vrays Chreſtiens le croyent.

Maintenant voyons ſi de la matiere de
ce corps il ſe peut faire vn loup qui aye
vie; Premierement cela repugne à tout
ordre de la nature, puiſque nature ne
peut engendrer, ou former vn tel corps
animé d'vne matiere non animée par
puiſſance, comme diſent les Philoſophes,
Car tout ce qui prend eſtre, ou naiſſance,
naiſt de quelque ſemence, ou ſans ſemence, & eſt Vegetatif, ou Animal; De
rechef ce qui eſt Vegetatif ſe multiplie
& prend naiſſance par la ſemence de ſon
eſpece, ou ſans ſemence; Par ſa ſemence,
quand elle eſt ſemée, ou d'elle-meſme,
ou par autruy en temps opportun: Ce
qui eſt ſans ſemence ſe multiplie par ſes
racines, ou branches coupées & plantées
en temps cenuenable, afin que l'eſpece

ne perisse point, & ce par la prouidence
de Dieu.

Quant aux Animaux, où ils sont parfaicts, ou imparfaicts; Les parfaicts ne se
peuuent engendrer que par la propre semence du masle & de la femelle meslées
en l'amarrhy par la copulation d'vne
mesme espece. Or est-il qu'il n'y a rien de
semblable en ceste pretenduë & phanta-
stique transformation; Ie concluds donc
que ce n'est qu'vne pure fable & illusion
du Diable. Mais voyons comme vn abisme tire apres soy vn autre abisme, & comme vne absurdité posée, il s'en ensuit plusieurs autres non moins petites : Il faut
doncques noter qu'ayans creu ceste
transformation d'hommes en bestes, ils
affirment & croyent auec les Sorcieres
qu'estans en forme de chats, corbeaux, ou
serpens, ils peuuent entrer par des trous
aux maisons, lesquels trous, ou chatie-
res, ne sont toutesfois que de la grosseur
de la forme qu'ils croyent auoir emprunté: Chose du tout ridicule & monstrueu-
se de croire ces impostures, & qui ne meriteroit de soy qu'on luy respondist, at-

tendu que telle chofe eft autant impoffible au Diable, comme il luy eft de faire
paffer vn chable par le pertuis d'yne ef-
guille, ce que toutesfois noftre Sauueur a
tenu pour chofe impoffible: Car le corps
& tout ce qui eft compris en vn lieu, &
toute chofe logée doit eftre proportion-
née à fon lieu, Autrement il faudroit
confeffer qu'il y auroit penetration des
corps, ce qui eft contre la nature & tout
principe de Phyfique ; Icy quelqu'vn
pourra objecter que le corps transformé
en chat n'eft que de la groffeur d'vn chat
naturel, & que par confequent il peut
entrer par les pertuis de fa groffeur: Mais
à cela ie replique que le corps de l'homme folide compofé d'os, de nerfs, arte-
res, tendons, mufcles, chair, membra-
nes & peau ne peut eftre reduit à vn fi petit corps qu'eft vn chat: Que fi il eft faict
feulement d'vne portion, ie demande
que deuient l'autre, Car nul corps ne
peut eftre reduy à neant, ny auffi cré, ou
transformé quo par vn feul Dieu autheur
& conferuateur de toutes les chofes qui
ont eftre.

Quant à ce que noſtre Seigneur Ieſus-
Chriſt entra à ſes Diſciples les portes e-
ſtant fermées, à raiſon de la crainte que
les Diſciples auoient des Iuifs, ce n'eſt
pas à dire que les Sorciers par le moyen
du Diable puiſſent faire le ſemblable :
Car qui ſeroit ſi impie & outre-cuidé de
vouloir eſgaler, ou faire comparaiſon de
la puiſſance du Diable, (laquelle il n'a que
par emprunt), à la toute puiſſance de
Ieſus Chriſt. Parquoy le Diable ne pourra rien faire des choſes que nous auons
dites cy-deſſus, & encores moins qu'vn
meſme corps ſoit en vn meſme temps en
diuers lieux, & qu'vne Sorciere alle à la
Synagogue en eſprit ſeulement, & retourne ayant eſté ſeparé du corps, comme ie demonſtreray, moyennant l'ayde
de Dieu, cy apres en ſon lieu.

Maintenant ſuiuons le fil de noſtre
diſcours, & mettons en euidence l'artifice & cautelles de ce vieux Serpent ennemy de Dieu & du genre humain, qui par
ſon orgueil ſe voulant eſgaler à noſtre
Dieu, a eſté precipité aux Enfers, & priué
à iamais de ſa grace. Son orgueil donc

ques qui a esté la premiere cause de sa
cheute, est aussi la cause de toutes ces illusions & impostures, car desesperant de
retourner iamais en grace, il se bande
contre l'Eternel, & tasche de seduire &
destourner les hommes du seruice qu'ils
doiuent à Dieu, pour les attirer à luy, &
auoir plusieurs compagnons, (qui est la
seule consolation des miserables) Or
pour tant mieux ce faire, il tasche de contrefaire les œuures de Dieu, pour en ob-
scurcir & diminuer, s'il luy estoit possible, sa gloire & puissance, & establir par
consequent la sienne par des faux miracles & illusions, & se rendre admirable,
en se faisant adorer, prier, seruir & hon-
norer comme Dieu, par les ignorans,
payens, barbares & infideles qui ont pre-
uariqué, & lesquels, sinon par vne particuliere grace de Dieu, difficilement sor-
tiront d'entre ses pattes. Il ne se contente donc pas de les auoir vne fois seduits &
gaignez, Mais pour tant mieux s'inthro-
niser par mespris de Dieu, tasche de seduire les fideles, s'il luy estoit possible, &
ce cauteleusement, se seruant quelques

fois

fois de ses esclaues qui soubs ombre de
quelque religion & pieté tascheront de
persuader aux fidelles choses, qui en apparence sembleront aux simples, voire
croiront estre telles, & qui neantmoins
tirent apres elles vne grande consequence, car quand il a vne fois gaigné quelque
chose sur vn home, cela luy sert de plan-
che pour peu a peu s'introduire, & auoir
entree, & perdre en fin vn tel homme, s'il
n'est empesché d'ehaut. Quãt aux moyes
principaux desquels il se sert pour seduire les hommes, l'amy lecteur les vetra au
9 chappitre de nostre liure intitulé *de spi-
ritibus.*

Suffira a present de monstrer comme-
le Diable fait telles illusiõs en deux prin-
cipales manieres, La premiere est en se
glissant a cachette dedans la fantasie des
hommes (si Dieu par vne grace speciale
ne l'empesche) pour esmouuoir les humeurs & troubler les sens, faisant voir
choses estranges, non qu'à la verité elles
soient telles, car comme i'ay cy deuant
prouué, il ne peut aucunement changer
la nature des choses cõtre l'habilité natu-

relle que le Createur leur à despartie.

De ceste raison aucuns ne se contente-
ront, mais obiecteront que le semblable
se fait à tous hommes en dormant & son-
geant par causes naturelles, asçauoir,
comme quand la concoction se fait, les
vapeurs grossieres montans au cerueau,
troublent la faculté Imaginatiue, & im-
primér diuerses figures, lesquelles apres
le sommeil disparoissent & desquelles la
souuenance en est nulle, ou fort legere, si
ce n'est que la vertu Imaginatiue estant
fort debilitée il ne s'y imprime quelque
chose d'estrange & hideux, de sorte que
les sens ayans esté trauaillez de telles visions, on s'en resente encores esueillé, &
par consequent, on s'en souuienne long-
temps apres, comme si en effect telles
choses eussent esté. Or la varieté de
ces visions est causée selon la diuersité des
vapeurs qui ensuiuent la nature de la via
de qu'on mange, Car si elle est de dure
digestion, comme sont chataignes, poix,
febues, ache, phasiols, oignons, porreaux,
choux, lentilles, chair de pourceau le-
preu, chair de bœuf sallée, chair de ches-

ures, boucs & autres sēblables, (defquelles la plus grand part des Sorcieres fe re-
paiffent) & qu'auec ce l'eftomac foit de-
bilité, comme il eft ordinairement aux
vieilles, acaufe de l'imbecillité de la cha-
leur naturelle, toute la viande fe reduit
prefque en vapeurs groffes & efpeffes qui
troublent ainfi les fens, & deprauent la
faculté Intellectiue, laquelle intentiue
fur les obiects & impreffions faictes au
fens commun, les examine, d'eftingue,&
finalemēt cōclud facilemētdes chofes re-
ceuës par l'imaginatiue au fens cōmun,
lefquelles en apres elle rēuoye à la partie
pofterieure, ou eft fituée la faculté memoratiue,cōme fi ayāt reçeu d'vne main
de l'Imaginatiue, elle le bailloit de l'autre à la Memoratiue threforiere des chofes apprehēdées par l'Imaginatiue, & des
cōcluespar la Cogitatiue, ou Ratiocina-
tiue, lefquelles elle garde fidellement. A
cecy aidēt les quatres humeurs,ou cōple-
xions d'vn chacun, & la crainte, ou defir
demefuré qu'on à de quelque chofe. Car
volontiers ce qu'on à ouy lēu & veu, ou
qu'on craint fort, ou qu'on defire ardem-

ment en veillant, on le voit en dormant.
Entre toutes les quatres complexions des
hommes les melancholiques sont plus
subiects à voir choses estranges, tant en
dormant, qu'en veillant, & de ceste complexion se sert le Diable, voire se mesle
auec icelle pour espouuäter & faire tom-
ber les hommes en desespoit en leur re-
memorant leur pechez, & conuainquant
par l'Escripture mesme, comme ie preu-
ueray par exemples au liure *de Veneficis,*
chapitre des Melancholiques & Insensez.

Voila ce qui concerne les causes naturelles, selon lesquelles on peut voir choses qui ne sont point en effect, & qui le
plus souuét n'ont iamais esté, & lesquelles dans quelques temps apres on met facilement en oubly.

De ces causes naturelles n'auïons deli-
beré parler, non plus que des melancholiques, & frenetiques, nonobstant que
quelquesfois le Diable se mesle auec telles humeurs, pour tascher de seduire les
vns, & faire precipiter les autres. Nostre
but doncques est de parler des Sorciers,
& Esclaues du Diable, ausquels le Diable

perſuade telles choſes par illuſſions aſſi-
duelles en leur troublant les ſens, & eſ-
mouuant les humeurs, ou bien en vertu
de quelque onguent qu'il leur dône pour
s'oingdre le corps, luy toutefois s'y entre-
meſlant ſecrettement, afin que n'eſtant
apperçeu, on refere le tout à la vertu de
l'onguent, qui autrement ne peut agir
que naturellement, comme les choſes
naturelles, cy-deſſus mentionnées, &
comme ie monſtreray plus particulierement en parlant des vertus propres &
impropres de ceſt onguent, le tout ſelon
les cauſes naturelles, puis qu'il eſt com-
poſé de choſes materielles & naturelles,
car par les matieres & cauſes naturelles
il ne ſe peut rien faire de ſupernaturel,
comme qu'en la verttu de ceſt onguent
l'ame ſe ſepare du corps ſans preiudice
des facultez naturelles, & qu'apres elle
retourne & viue dans ſon corps, Autrement ce ſeroit renuerſer l'ordre de nature, & confondre les choſes naturelles
auec les diuines, accuſant Dieu blaſphe-
matoirement, ou d'impuiſſance, ou d'e-
ſtre auteur du mal d'impuiſſauce, entant

qu'il lairoit deſtruire (pour ne le pouuoir
conſeruer) lordre de nature, lequel luy
meſme à eſtably, & conſerue ſi eſtroicte-
ment, ne permettant iamais qu'il ſoit
arreſté, ſinon à ſon grand honneur & con-
fuſion des meſchans, comme quand à la
priere de Ioſué il arreſta tout court le Soleil pour deſtruire les ennemis de ſon
peuple, & en la mort & paſſion de noſtre
Redempteur il fit obſcurcir & oſta la lueur à plain midy au Soleil, en ſigne & teſ-
moignage de la diuinité de noſtre Sauueur, & de ſon couroux contre les Iuifs
qui auoient crucifié le Roy de gloire ſon
fils bien aymé , auquel il auoit pris ſon
bon plaiſir. D'eſtre autheur du mal, celuy
qui eſt Autheur de tout bien, & eſt la bô-
té meſme, entant qu'il authoriſeroit le
Diable ſeparant à ſa volonté l'ame du
corps des Sorciers pour vn temps, (car
luy ſeul, comme iay cy deuant dit, le peut
faire , & non autre) afin de tant mieux &
ſans crainte d'eſtre deſcouuerts par la iuſtice humaine , ils puiſſent ſeruir au Diable en luy faiſant hommage au grãd meſpris de Dieu & de ſa parolle,

Iugez donc, amy lecteur, qu'elle impieté ce feroit de croire que Dieu auctori-
fat par fon confentement telles impietez
Dieu, di-je, qui eft ialoux de fő hőneur, &
qui neveut point que fa gloire foit cőmu-
niquée aux creatures, cőme nous voyons
en Herode, qui pour s'eftre attribué la
gloire „laquelle eft deuë a vn feul Dieu,
feuft incontinent mangé des poux par
vne iufte vengeance diuine. Quel blafpheme dif-je feroit ce de croire que Dieu
participat aux iniquitez des mefchans?
luy qui commande fi eftroictement en la
Loy que telles gens foiét deffaits & oftez
de deffus la face de la terre; car il a non
feulement en horreur les Sorciers, Enchanteurs, Deuins & Magiciens : mais
auffi tous ceux qui ont recours à eux, &
qui les croyét, & veut mefme qu'ils foiét
puniz de mort. Par ou il appert affez clairement que le Diable ne peut feparer l'a-
me du corps pour la y renuoyer par aucune vertu naturelle, ny mefme fuper-
naturelle. Voyons maintenant qu'eft ce
que tels onguents fabriquez par fon artifice peuuent faire naturellement, puis
qu'ils főt cőpofez de chofes materieles.

DES SIMPLES QVI EN-
TRENT EN LA COMPOSITION DES
Onguents des Sorciers & de leur
vertu en general.

CHAP. II.

Ntre tous les simples, desquels
le Diable se sert pour troubler
les sens de ses Esclaues, les sui-
uans semblent tenir le premier
rang, desquels aucūs ont vertu d'ēdormir
profondemēt, les autres legerement, ou
pointmais qui troublēt, & trōpēt les sens,
par diuerses figures & representations,
tant en veillant, qu'en dormant, comme
pouroit faire la racine de la belladona,
morelle furieuse, sang de chauue souris,
d'huppe, l'Aconit, la berle, la morella
endormate, l'ache, la suye, le pentaphilon,
l'acorum vulgaire, le persil, fueilles du

peu?

peuplier, l'opium , l'hyofcyame , cyguë, les efpeces de pauot, l'hyuroye, le *Syno-chyrides*, qui fait voir les ombres des En-fers, *c. d.* les mauuais efprits, comme au contraire, l'*Anachitides* faict apparoir les images des fainéts Anges : De toutes ces chofes le Diable ne fe contente , ains comme ennemy iuré du genre humain, pour tant mieux exercer fa cruauté & ty-rannie, il perfuade & induit les Sorciers à rauir des petits enfans, pour d'iceux ex-traire la greffe , & en faire vn confommé pour meffer dans fes onguents, non qu'à la verité telle greffe, ou confommé ferue d'aucune chofe en telles infernales , & diaboliques compofitions : mais feule-ment pour exercer fes efclaues aux plus enormes pechez, & haine du genre hu-main, afin qu'eftans plongez & accablez en l'abifme de leur iniquitez, ils ne puif-fent efperer repentance , ains periffent auec luy. Ayans donc fait de toutes les chofes fufdites, ou d'vne partie d'icelles huyles, ou onguents, (n'oubliant en cefte compofition l'inuocation particuliere de leur Demons, & ceremonies magiques

D

instituees par iceux) ils s'en oignent toutes les parties du corps, apres les auoir
frotees iusques à rougir, afin que les po-
res estans ouuerts & relaxez, l'huyle ou
onguent penetre plus fort. Voila les simples, outre plusieurs autres, par lesquels
l'entendement est osté, ou du tout troublé, tellement que celuy qui en vsera,
semblera estre fol en parlant, en oyant &
respondant, ou bien tombera en vn profond sommeil, & demeurera insensible,
pendant quelques heures, ou iour, il ne
faut pas oublier qu'auec ces choses le
Diable ne s'y entremesle pour iouer son
personnage.   Or ce n'est pas assez d'auoir
descri les choses en general qui ont telle,
ou approchante vertu, si nous ne mon-
strons plus particulierement le triple vsage de tels onguents, afin de tant mieux
esclaircir ce subiect, & oster toute doute
qu'on pourroit faire.

DE LA COMPOSITION
& vsage du premier onguent des Sorciers.

CHAP. III.

OVS auons dit cy deuant que les Sorcieres qui sont de marque, ou, pour mieux dire, qui appartiennent à gens de marque & d'authorité, n'osent aller en corps en leur synaguogues, de peur d'estre recogneuës des autres, & par consequent estre accusees & diffamees par vn iuste supplice.

Pour obuier à cecy le Diable caut & rusé, leur a persuadé qu'elles y iroient seulement en esprit, à condition qu'elles s'oignissent d'vn onguent composé de son artifice, par la vertu duquel l'ame se separeroit du corps pour quelques heu-

D ij

res, & s'en iroient au lieu par luy assigné,
le corps demeurant en leurs licts aupres
de leur marys, ou autres, de peur qu'ils ne
s'apperceussent de leur absence. Mais e-
xaminons la composition d'vn tel, ou
semblable onguent, & voyons que naturellement il peut faire : Il est donc composé de gresse d'enfant, de suc d'ache, d'a-
conit, de pentaphilon, de la morelle
endormante, & de la suye, &c. ou d'autres choses semblables qui ont vertu
d'endormir, & faire voir en dormant
choses estranges. Ce n'est donc de merueille si apres s'estre frotees toutes les parties du corps iusques à rougir, & apres
oingtes d'vn tel onguent, il leur semble
(à quoy leur ayde leur fole croyance &
intention) estre portees en l'air à mesure
que l'onguent penetre & monte au cerueau, & qu'apres qu'il a troublé les sens,
& est entierement monté au cerueau, il
le remplisse de diuerses figures, de sorte
qu'il leur semble voir des theatres, des
beaux iardins, des banquets, des beaux
ornemens, des vestemens, des Roys, des
Magistrats, il leur semble aussi entendre

des mufiques, eftre aux dances, & aux
embraffemens des plus beaux ieunes hō-
mes qu'elles defirent, Elles voyent auffi
des Diables, des corbeaux, des prifons,
des deferts, des tourmens, & mefmes toutes les chofes aufquelles elles fe dele-
ctent, & dont elles penfent auoir iouïf-
fance, ou qu'elles apprehendent. Voila
les caufes de ces fonges violens, qui font
qu'en dormant elles penfent eftre portees en diuerfes regions , & auoir plufieurs affections felon la complexion d'v-
ne chacune d'icelles , & intention du
Diable , qui par l'aide de l'onguent
moyenne toutes ces chofes , à quoy nous
pourrons adioufter que l'effect de telles
impreffions violentes, & frequentes, deprauent tellement la temperature du
cerueau , que mefme en apres les efprits
en font alterez , & iour & nuict ne péfent
à autre chofe, outre ce que de leur naturelle inclination elles font couftumieres
à croire de leger: Pour confirmation dequoy, nous mettrons en auant vn exemple, lequel Iean Baptifte de la Porte Neapolitain, homme tres-docte & tres-fub-

til rechercheur des causes naturelles, a
mis en son second liure de la Magie Naturelle, qui est tel que s'ensuit.

La desbordee cupidité, dit il, a tellement gaigné l'entendemét des hommes
que mesme ils abusent des choses que la
nature leur a donnees pour leur commo-
dité, si bien que les Sorcieres composent
des onguents de plusieurs choses super-
stitieuses, mais qui regardera de prés
verra que les effects procedent de la vertu naturelle. Ce dit, il raconte ce qu'il à
entendu d'elles que ie tairay pour le present: finalement il vient à raconter l'e-
xemple, adioustant. Ainsi que ie mesfor-
çois de descouurir ces choses plus soi-
gneusement (car i'en estois encores en
doubte) ie rencontray vne certaine vieille du nombre de celles qu'on nóme Sorcieres & qui succent le sang dés petits enfans aux berceaux ; C'este vieille de sa
propre volonté me promit qu'en brief
elle m'en donneroit response, comman-
dant que tous ceux qui estoiët auec moy
& qui eussent peu seruir de tesmoings,
sortissét dehors, ce qui fut fait, puis nous

la vifmes par les fentes de la porte qu'elle
fe frotta tout le corps d'vn onguent : Or
comme elle tomba en terre par la vertu
de l'onguent endormant & entra en vn
fommeil tres profond, nous ouurifmes
la porte, & entrafmes dedans, puis la cō-
mançafmes à frapper, mais fon fomme e-
ftoit fi fort qu'elle n'en fentit rien. Ainfi
nous retournafmes hors la porte, & ce-
pendant la force des onguents eftans di-
minuee, elle fe refueilla, & nous conta
plufieurs folies, affauoir qu'elle auoit paffé la mer, & les montagnes, & rien ne
nous refpondoit qui ne feuft faux, nous
luy nions tout, mais elle l'affermoit da-
uātage, & encores que nous luy monftrif-
fions les marques des batures, fi eft ce
qu'elle s'obftinoit d'auantage.

Refte maintenant à refpondre à vne
objection qu'on nous pouroit faire, fçauoir eft qu'ō à obferué, & mefme de mon
temps, en plufieurs Sorcieres qu'eftans
ainfi tombees par terre, ou qu'eftans defia profondement endormies par la vertu
de ce onguent, que fi on les veille &
garde foigneufemēt, qu'au bout de quel-

ques heures, leur efprit, comme elles difent, retourne en forme de mouf-
che ignee, faifant vn petit bruit à
l'étree (car il entre par la bouche, laquél-
le demeure toufiours à demy ouuerte)
& qu'eftant entré, foudain la Sorciere fe refueille, comme par ce moyen
plufieurs defia foubçonnees, ont efté def-
couuertes, & d'icelles mefme en ay veu
brufler quelques vnes. Pour côfirmation
de ce que deffus, on tient que fi on leur
ferme la bouche, & qu'on les renuerfe ce
deffus deffous, en forte qu'il n'y aye aucune entree, que l'efprit retournant & ne
trouuât entree, qu'apres auoir fait quelque bruit & voleté tout à l'entour de la
tefte, il s'en retourne & plus n'apparoit,
de forte que le corps demeure mort fans
aucun mouuement.

Auant que refpondre à cefte obiection,
il nous conuient fçauoir que comme le
Diable ne tafche qu'à contrecarer les
œuures admirables de noftre Dieu par
des faux miracles (car de foy-mefme il ne
faiât rien de vray, ny de bon, mais feulement en apparence) pour obfcurcir, voire
                              aneantir,

aneantir, s'il luy estoit possible, sa gloire.
Aussi pour ce faire, il luy conuient, (de
peur que ses piperies & impostures ne se
manifestent) tenir les hommes en ignorance, afin qu'il soit glorifié des siens, &
admiré des ignorans. C'est pourquoy
voyant quelques vns en erreur, comme
de croire que les ames puissent estre se-
parées des corps, & y rentrer à la volonté
des Sorcieres, &c. il tasche de les y confirmer par vray semblables, mais toutesfois tres-fausses demonstrations, comme
ie demonstreray en respondant à ceste
obiection. Car que l'ame se puisse separer
du corps pour y rentrer dans quelques
heures, cela est tres-faux, comme nous
l'auons cy dessus prouué. Que ceste
mousche ignée qui entre dans les Sorcieres, soit leur ame, cela est aussi faux, car
l'ame est inuisible; Que si elle estoit corporelle, elle seroit aussi necessairement
mortelle, qui est vne autre fausseté, comme i'ay demonstré assez au long en nostre
liure *de Anima*; Que le corps de la Sorciere se resueille tost apres que la mousche
est entrée, cela ne conclud rien, d'autant

E

qu'il n'eſt pas mal aiſé au Diable (la vertu
de l'onguent ſe commençant deſia à di-
minüer,) de diſſiper & chaſſer le reſte des
vapeurs du cerueau, eſmouuoir les humeurs, & exciter les ſens à faire leurs fonctions. D'où nous concluons que c'eſt le
Diable, lequel ſoubs ceſte forme veut
tromper & confirmer en erreur les aſſiſtans, & par le meſme moyen authoriſer
la confeſſion de ſes eſclaues; Ioint que
ceſte forme luy eſt fort familiere, & meſmes ſelon icelle il eſt appellé en l'Eſcriture ſaincte *Beelzebu*, c. d. Prince des mouſ-
ches: car nous ne liſons pas qu'aucun bon
Eſprit aye iamais emprunté ceſte forme,
ny d'aucun autre Animal imparfaict.

Comme donc ceſte obiection eſt fauſſe, ſemblable auſſi eſt la preuue, Car ce
n'eſt choſe eſmerueillable qu'vn corps
enſeueli dans vn profond ſomne, meure,
quand on luy empeſche la reſpiration,
laquelle pour lors eſt fort petite, & par
conſequent plus aiſee à eſtre ſupprimee,
Ioint que lors nature eſt comme oyſeuſe
& aſſopie par les vapeurs narcotiques de
ceſt onguent; C'eſt pourquoy l'air qui de

foy & fans grande attraction entretenoit
les efprits vitaux & les poulmons, eftant
empefché par la clofture des conduits, ou
foufpiraux à ce deftinez, & le corps contre fa nature renuerfé, facilement la nature eftant priuee du moyen par lequel
elle exerçoit fes fonctions, & comme
toute perturbee par la grande confufion
qui fe fait en vn inftant des efprits vitaux
& des vapeurs narcotiques de ceft onguent qui tiennent affiegé le cerueau, elle fuccombe, & ainfi perit la Sorciere, les
affiftans en eftant homicides fans y pen-
fer.   E ij

DE LA COMPOSITION
& vsage du second onguent
des Sorciers.

CHAP. IIII.

ENONS maintenant au second onguent, par la vertu duquel le Diable persuade aux Sorcieres apres s'é estre ointes pouuoir en mettant vn balay, ou baston être les iâbes cheuaucher en l'air, & aller en leur synagogues d'vne vistesse incredible en passât par la cheminee. Ce que assez legerement Cardan & Baptiste Porte auec quelques autres sçauans hommes ont denié, affirmans que cela ne se faisoit par illusion en vertu des onguens: ce que i'ose nier, & prouuer cy apres le contraire, mais que premierement i'aye nié que

cela ſe face par la vertu d'aucun onguent,
encore que le Diable vueille qu'elles
s'en ſeruent pour les tant mieux diſpoſer
à ſon ſeruice en troublant leur ſens, afin
qu'eſtans ainſi abruties, elles facent ce
qu'autrement eſtant en leur ſens raſſis, elles n'oſeroient entreprendre, ny meſme
penſer, quoy qu'elles ſoient du tout meſ-
chantes, la ſouuenance deſquelles choſes eſtant retournees à elles, les rend le
plus ſouuent tellement confuſes, qu'elles n'oſent regarder en face les gens de
bien, mais vont à teſte baiſſee, d'autant
qu'elles ont honte de leur turpitude, &
ne peuuent ſouſtenir le regard conſtant
des gens de bien ſans baiſſer la face, &
pour ceſte cauſe elles ſont flateuſes, bi-
gotes, ſolitaires, ſuperſtitieuſes, laides,
puantes & ſales.

Or auāt que paſſer plus outre, il faut remarquer qu'en la compoſition de ceſt
onguent il n'entre point de ſimples narcotiques, Mais ſeulement qui ont vertu
de troubler les ſens en les alienant, comme pour exemple, le vin pris demeſure-
ment, la belle donne, la ceruelle de chat,

& autres chofes que ie tairay, de peur de donner occafion aux mefchans de faire mal, de forte que ce tranfport ne fe fait pas fimplement par illufion eftant endormy profondement, comme nous auons obferué difcourant de la vertu du premier onguent par les caufes naturelles, mais auffi reellement, non pas en vertu de ceft onguent, mais par l'ayde du Diable qui les emporte veillantes ou bon luy femble, tout ainfi qu'il faict les Magiciens par l'air, comme cela n'eft que trop commun. Car il faut noter que le Diable peut ce faire, entant que Dieu a liuré des-ja telles gens en fens reprouué, de forte qu'eftans faicts efclaues du Diable, il les peut emporter par l'air d'vne viftefse efmerueillable.

Ie ne peu donc croire qu'aucun foit tant defpourueu de fens de nier qu'il ne puifse enleuer vn corps de terre pour le porter par l'air; car encores qu'il foit defcheu de la grace de Dieu par fon orgueil, fi eft-ce qu'il peut beaucoup, ayant efgard à la noblefse, excellence & puifsance de la nature qu'il a receuë, non pas que cefte

puiſſance s'eſtende ſur les bons, qu'au
contraire eu eſgard à eux, elle eſt limitee
& tenuë en bride, ſi ce n'eſt extraordinairement, comme quand Dieu voulut
exercer la patience de Iob, il laſcha la
bride à Sathan pour l'affliger en ſa per-
ſonne, en la perte de ſes biens & de ſes
enfans, toutesfois auec deffence qu'il ne
touchaſt à ſa vie. Ce n'eſt donc de ceſte
puiſſance que nous parlons, mais de celle
qu'il a abſolument ſur les meſchans, pendant qu'ils ſont en eſtat de damnation, &
auant qu'ils ſe ſoient repentis & conuertis au Seigneur, laquelle alors ceſſe.

Or pour reuenir au tranſport des Sorcieres, nous adiouſterons que c'eſt ſe
mocquer de l'Hiſtoire Euangelique, de
reuoquer en doute ſi le Diable tranſpor-
te les Sorcieres d'vn lieu en autre, puis
que nous liſons en l'Euangile que Sathan tranſporta noſtre Seigneur Ieſus-
Chriſt ſur le pinacle du Temple, & ſur la
cime de la montagne, Item, que l'Ange
emportat Abacuc le Prophete en Baby-
lone : comme auſſi Elie & Enoch aux
Cieux en corps & en ame, outre leſquels

exemples nous en auons vne infinité
d'autres, entre lesquels celuy d'Apollo-
nius Thianeus est fort remarquable, lequel comme nous lisons en Philostrate
autheur Grec, fut transporté en peu
d'heures d'Æthiopie pres la source du
Nil, iusques à Rome; Item, vne autre
fois de Rome, à Corinthe; Plus, vne autrefois de Smirne, en Ephese.

On lit aussi que l'an 1271. Iean Teutho-
nich Prestre d'Albarstard des plus fa-
meux Sorciers de son aage chanta trois
Messes à minuict, l'vne à Albarstard, l'autre à Mayence: la troisiesme à Cologne.
Plutarque aussi fait mention d'vn transport semblable fait de Grece en Croto-
ne pres de Naples: ce qu'on recite aussi
de Pythagoras qui fut transporté de
Thussie en Methapont : & en ces der-
niers temps de Faustus, qui fut transporté auec certains autres de Basle en Suisse, à Rome : & d'vn autre Magicien de
Dole en Bourgogne, à Bordeaux.

Nous pourrions icy adiouster vn grand
nombre de tels & semblables transports
faits de nostre temps, tant en Sauoye,

Suisse,

Suisse, Alemagne, France, Espagne &
Italie, n'estoit que la chose est assez clai-
re d'elle-mesme, Car ie ne croy pas que
personne reuoque plus cela en doubte,
puisque tous les anciens Theologiens
soubscriuent à cela, quand ils disent que
les Diables auec les forces de leur nature, & par la permission de Dieu peuuent
faire les choses qui peuuent estre faites
par vn mouuement local , & conion-
ction conuenable des choses agentes , &
patientes : mais qu'il ne peuuent aucunement changer la nature des choses contre l'habilité naturelle que le Createur
leur a despartie. Pour preuue & confirmation du transport des Sorcieres en
corps & en ame, i'adiousteray, auant que
clorre ce chapitre, l'Histoire d'vn transport faict de nostre temps , lequel m'a
semblé entre vn million d'autres, digne
d'estre mis en lumiere, afin que les curieux apprennent à se contenir entre les
limites de raison , & ne s'enquerir trop
curieusement des choses illicites qui ne
peuuent apporter & causer sus mal-
heurs, entant qu'elles sont prohibées de

F

Dieu par sa parole, à laquelle seule il faut s'arrester pour viure, l'Histoire est telle.

L'an 1603. au moys d'Aoust, moy demeurant à Anaut ville celebre esloignee enuiron de quatre heures de chemin de Francfort, me suruint quelques vlceres aux pieds auec grande tumeur œdemateuse, laquelle s'augmentant d'heure à heure, ie fus contraint d'appeller vn certain ieune homme de Francfort Chirurgien de son estat, iouial & facetieux au possible, mais qui auoit esté fort curieux, comme de sa propre bouche il me raconta vn traict entre autres de sa curiosité, assauoir qu'ayant ouy parlé si souuent des Sorcieres qui vont de nuict par l'air en leur Synagogues, ou elles dansent, sautent, banquettent, paillardent, & rendent compte des meschancetez qu'elles ont commises à l'instigation de leur maistre (lequel bat celles qui n'en ont assez fait, & louë & exhorte celles qui en ont fait à en faire dauantage,) eut moult enuie de trouuer le moyen d'y aller pour sçauoir la verité de ces choses, pourquoy effectuer, il s'adressa à vne sienne tante

de Francfort, laquelle estoit soubçonnee
d'estre Sorciere, & la prie instamment de
luy confesser la verité, ce qu'elle nioit
fort, & mesme le menaçoit, Mais luy
pour l'extreme desir qu'il auoit d'assoüir
sa damnable curiosité, ne laissoit pour les
menaces à l'importuner & supplier qu'elle luy confessasse la verité auec protesta-
tions & iuremens de ne la deceler. Elle
en fin pressee & comme contrainéte par
les prieres & sollicitations importunes de
son Nepueu, luy confessa qu'elle estoit
Sorciere, dequoy luy non encores content, l'interrogea quand elle iroit à la Synagogue, à quoy auec quelque petite difficulté, elle respondit que ce seroit au
Ieudy prochain. Ce que son Nepueu
ayant entendu, ne desista point qu'il
n'eut impetré d'elle, ou qu'elle permit
qu'il y allat ensemble, ou bien qu'il se
trouuat en sa maison la nuiét de son despart, d'y aller ensemble luy fust desnié,
seulement luy fust concedé se trouuer à
son despart.

La nuiét du Ieudy arriuee, sur les vnze
heures quitta son Nepueu & entra dans

vne autre chambre auec de la lumiere,
ou estant elle se despoüilla & print vne
boüete d'onguent qu'elle tenoit cachee
dans la muraille, duquel (apres s'estre
bien frotee tout le corps,) elle s'en oignit,
puis print vn baston entre les iambes,
quoy fait, elle disparut estant emportee
en l'air à quatre lieües loin de Francfort
delà le Rhein.

Ce ieune homme l'ayant espiee secre-
tement & prins garde à ce qu'elle faisoit,
regardant par vn trou de la porte, entra
soudain en la chambre apres qu'elle fust
disparuë, & fit de mesme qu'elle, ce fait,
le Diable en forme de tourbillon l'enle-
ua aussi par la cheminee & l'emporta au
mesme lieu que sa Tante estoit, lequel
ayant recogneu fust fort estonnee, &
s'approcha de luy pour sçauoir comme il
estoit là venu, ce que luy ayant confessé
franchement, elle luy defendit de ne
craindre aucunement l'homme qui e-
stoit au milieu d'elles habillé de noir, &
pour plus grande asseurance luy enioi-
gnit le silence, & engraissa le bout de son
baston d'vn onguent que le Diable luy

auoit donné. Or ainſi comme ils dan-
ſoient en rondeau, ce pauuret ſe tenoit
touſiours en vn coing bien eſtonné, car le
Diable le regardoit ſi aphreuſement que
les poils de la teſte luy en heriſſoiét, mais
il eſtoit contraint à mauuais ieu tenir
bonne mine, de peur qu'il ne demeurat
au lieu pour proye.

L'aſſemblee finie deux heures apres
la minuict & le Diable les ayans toutes
emportées, comme deuant, iuſques aupres du Rhein, il print la forme d'vn
Veau, & les paſſa toutes l'vne apres l'autre. Ce voyant la Tante, s'approche de
ſon Nepueu encore ieune apprentif en
la Diabologie, & luy commande de ne
craindre point, mais qu'il montaſt har-
diment ſur ce veau ſans ſonner mot : la
Tante paſſee, & le Nepueu demeurant
ſeul à paſſer, le veau s'approche de luy
pour ne rien oublier, ſur lequel eſtant
monté, le bon du ieu fut, que ce Veau
eſtant ſur le bord du Rhein, pour ſe mocquer & punir par vne iuſte permiſſion de
Dieu ceſte deteſtable curioſité, ietta en
ſautant ce gentil cheuaucheur au milieu

du Rhein, en criant par irrision, *Voila vn
beau fault pour vn Veau.* Qui fut bien e-
ftonné, ce fut mon vilain Chirurgien, qui
apres auoir beu fans foif, & fans mefure
tafchoit à fe fauuer à la nage, mais il ne
peut fi bien faire que le Rhein par fa vi-
ftefie ne l'emportat à l'enuiron d'vne
lieuë loing pres d'vn moulin où il fut
apperçeu fur le iour par le Meufnier, lequel auec vn petit efquif s'efforça de le
fauuer & tirer de l'eau, car il n'en pouuoit plus, & c'eftoit plus mort que vif, Ce
fait, le Meufnier auec fes feruiteurs le
pendirent par les pieds pour luy faire re-
gorger l'eau qu'il auoit beuë demefure-
ment, bref il fit tant qu'il reuint peu à
peu à foy, & ayant recouuré le parler, &
reprins force, raconta le tout, & promit
auec iuremens mettre fin à toutes fes cu-
riofitez demandant pardon à Dieu du
paffé, auec promeffes qu'il viuroit plus
fainctement à l'aduenir.

Arriué à Francfort, il diuulga fa Tante,
mais qu'on ne brufla point, d'autant
qu'ils croyent cela eftre fables, & refue-
ries, ioint que d'ailleurs vne bonne partie

des plus riches y auroient interest , lef-
quels font foupçonnez , & monftrez au
doigt.

Voila l'Hiftoire que ce Chirurgien ma
raconté & confirmé auec iuremens en
prefence de gens d'honneur, en laquelle
on peut remarquer quatre chofes nota-
bles, affauoir vne curiofité damnable,les
rufes du Diable, la punition des curieux,
& la mifericorde de Dieu qui fe demon-
ftrat en fauuant, & deliurant miracpleu-
fement cet homme , & des pattes du
Diable, & des eaux profondes, dans lefquelles il l'auoit precipité pour le perdre
& fuffoquer, fi Dieu par fa mifericorde
n'euft eu pitié de luy en l'article de fa
mort , ne voulant ainfi perdre ce ieune
homme. Par où nous auons à apprendre
que c'eft luy feul qui peut fauuer l'ame &
le corps, puis qu'il eft l'autheur de vie, &
& que combien que le Diable aye puiffance fur les corps des mefchans qui font
en eftat de perdition, qu'il fe puiffe ioüer
d'eux, & les bourceler, ou tyrannifer pour
vn temps, fi eft-ce qu'il n'a pas puiffance
fur leur vie,car Dieu fait mifericorde à

qui bon luy semble, voire à l'article de la
mort, en rappellãt de mort à vie ceux lesquels par vne particuliere & speciale grace il veut sauuer, ne voulant point la mort
du pecheur, mais qu'il se repente & con-
uertisse à luy : Car le Diable n'est qu'e-
xecuteur de la haute Iustice pour punir
en ce monde, ou au corps, ou aux biens
ceux qui ont peché contre le Dieu viuant, lequel ne permet iamais que si e-
normes meschancetez demeurent impu-
nies, & quoy que quelquesfois il semble
dilayer le chastiment, si est-ce que, ou en
ce monde, ou en l'autre, on n'euadera
point sa iuste punition.

Icy donc apprennent tous curieux à
mettre fin à leur infames curiositez, &
estre sages à sobrieté, de peur qu'il ne
leur aduienne le semblable qu'au Chirurgien susdit, voire pire, si Dieu n'a pitié
d'eux.

───── *Nam facilis descensus Auerni,*
Sed reuocare gradum, superasq; euadere ad auras,
Hoc opus, hic labor est.

Car il n'est pas au pouuoir de l'homme
apres estre vne fois tombé entre les pattes du

tes du Diable de s'en deſuelopper, ſi
Dieu par vne ſpeciale grace ne luy tend
la main pour l'en retirer, d'autant que la
repentance eſt vn don de Dieu ſpecial:
mais qui eſt celuy qui ſe peut promettre
que Dieu luy donnera repentance apres
luy auoir ainſi tourné le dos & meſpriſé
ſa parole? puis qu'il n'eſt du voulant, ny
du courant: mais de Dieu qui fait miſericorde? Adherons donc à luy ſeul & à ſa
parole, afin que nous viuions: car hors
de ſa parole il n'y a que mort & condam-
nation.

G

DE LA COMPOSITION
& *vsage du troisiesme onguent des Sorciers.*

CHAP. V.

YANT discouru cy dessus assez amplement des vertus tant propres, que impropres du premier & secõd onguent, desquels les Sorcieres se seruent pour aller, ou en corps, ou en esprit en leur assemblees nocturnes, Reste finalement à parler du troisiesme que le Diable donne aux Sorcieres, leur persuadant qu'apres qu'elles s'en seront oingtes, elles seront vrayement transformees en bestes, & ainsi pourront courir les champs. Quant à la realité pretenduë par les Sorcieres & sacrileges de la gloire de Dieu, i'ay assez amplement monstré qu'elle ne

se pouuoit faire que par illusions diaboliques : Mais voyons maintenant s'il se
peut faire que naturellement par quelques onguens, ou potions l'entendement
de l'homme puisse estre tellement per-
uerty qu'il croye estre veritablement
transformé en beste en veillant.

Quant aux onguens, ils peuuent estre
composez de certaines choses prises d'vn
crapaut, d'vn serpent, d'vn herisson,
d'vn loup, d'vn renard, & du sang humain,&c. meslees auec herbes,racines &
autres choses semblables, qui ont vertu
de troubler & deceuoir l'imaginatiue.
Car, comme i'ay dit cy deuant, le Diable dispose tousiours les Sorcieres par
quelques choses prises interieurement,
ou bien appliquees à l'exterieur, afin
qu'ayant l'esprit, & les sens troubles par
les figures de tels animaux, elles croyent
en prendre la forme en vertu de telles
choses,comme le Diable leur a persuadé,
quoy croyans, elles sont appareillees, &
faites organes idoines au malin Esprit,
pour entrer en elles, afin de parfaire sa
meschante volonté, & les confirmer en

erreur, en contrefaiſant les meſmes choſes que les beſtes font, deſquelles elles
ont emprunté la forme, comme pour
exemple, ſi elles ſont ſoubs la forme d'vn
loup, elles courent par les bois, ſe ruent
ſur les beſtes, & le plus ſouuent ſur les
hommes deſarmez & enfans qu'elles ra-
uiſſent & deuorent, comme i'en monſtreray vn exemple du rapt d'vn enfant
qui fut faict l'an 1604. à vn village nommé Creſſi, diſtant d'vne licuë de la Cité
de Lauſane, duquel l'hiſtoire eſt telle
que s'enſuit.

Vn villageois battant du bled en ſa
grange eſtoit fort importuné par vn ſien
petit enfant qui luy demandoit à boire,
dequoy le pere ne tenant conte pour l'af-
fection qu'il auoit à ſon œuure, le petit
enfant fut occaſionné d'inſter de plus
fort à demander à boire auec pleurs &
cris : Ce que voyant le pere fut irrité, &
menaça l'enfant, dequoy ne ſe ſouciant,
mais au contraire augmentant ſes pleurs
& ſes cris, en fin le pere tout bouffi de
couroux, luy dit en ces propres mots, *La*
Diabla te beue, c. d. le Diable te boiue : Ce

prononcé , il fe paffa encore du depuis
quelques iours auant que l'execution
s'en fift , laquelle toutesfois ne retarda
que iufques au Vendredy fuiuant, car le
Ieudy au foir la fynagogue des Sorcieres
eftant tenue felon leur couftume, le Diable par vne iufte punition & permiffion
de Dieu (lequel , comme i'ay dit cy deffus, ne laiffe iamais fi enormes pechez im-
punis) difpofa cinq Sorcieres, aufquelles
il auoit communiqué fon deffein, par tels
onguens , lefquelles foubs fa conduite,&
foubs la forme de loup rauirent en plein
iour l'enfant, lequel pour lors eftoit fur
le fueil de la porte, puis l'emporterent au
lieu ou leur complices les attendoient,
ou arriuees elles reprindrent la forme de
femmes,& le Diable en prefence de toutes fuccea tout le fang de ceft enfant par
le gros doigt du pied , puis defcouperent
le corps en pieces pour le faire bouillir
dans vn chauderon, duquel elles en man-
gerent vne partie, & de l'autre en com-
poferent leurs onguens auec autres chofes, comme du depuis toutes cinq l'ont
confeffé eftans apprehendees par la Iufti-

ce, & menees à Lausane, ou ie les ay veu
brusler, & faire leur procez.

La seconde histoire est d’vn paysant
d’vn village pres Lucens en Suisse, lequel
allant au bois, rencontra au milieu de la
forest vn loup qui luy courut dessus
pour le deuorer: ce que voyant le paysan
se mit sur sa deffensiue, & fit en sorte qu’il
luy coupast vne des iambes de deuant,
laquelle coupee, & l’effusion du sang s’en
ensuiuant, ce loup fut changé en femme,
laquelle au lieu d’vne iambe auoit le
bras couppé: le paysan arriué en son village, accusa la femme, laquelle fut ap-
prehendee & bruslee.

Or à propos de ceste histoire, il ne sera
trouué mauuais si nous publions vne
Maxime qui est tenuë entre les Vaudois,
& confirmee par la confession d’vne infinité de Sorcieres, sçauoir est qu’aussi tost
que les Sorcieres transformees, comme
il leur semble, en bestes, sont blessees, en
sorte que l’effusion de sang ensuiue la
blessure, leur forme illusiue disparoist, &
sont recognües pour telles qu’elles sont
en effect, sçauoir est, femmes, ou hom-

mes, Outre ceſte Maxime, ils en ont encores deux fort triuiales entr'eux, voire
iuſques entre les enfans; La premiere eſt,
que toutes Sorcieres transformees en
beſtes par illuſions diaboliques n'ont
point de queuës, La ſeconde eſt, que iamais le Diable ne peut prendre la forme
en tout & par tout ſemblable à vn homme, ce qu'auſſi les Sorciers & Magiciens
infames croyent tous d'vn commun accord, car ils confeſſent qu'encore que le
Diable aye pris la forme d'vn homme,
qu'ils le recognoiſſent pour tel qu'il eſt
par ſes pieds, leſquels il ne peut changer
en autre forme que celle des beſtes, comme ſont boucs, bœufs, & autres animaux, ils le recognoiſſent auſſi par ſes
ongles, leſquelles il a lõgues & crochues,
& ce ſelon leur aſſertiõs, nonobſtant qu'à
proprement parler le Diable n'ait aucun
corps, d'autant qu'il eſt Eſprit.

Quant à la realité de ceſte metamorphoſe d'hommes en beſtes, i'ay aſſez ſuf-
fiſamment prouué cy deſſus qu'elle ne
pouuoit eſtre reellement faite par aucunes choſes naturelles, ny meſme par le

Diable, iaçoit qu'il y employaſt toutes
ſes forces, attendu qu'il ne ſçauroit ſeulement faire vne mouſche, Cela donc
appartient à vn ſeul Dieu Createur &
Conſeruateur de tout ce qui a eſtre &
mouuement.

Quelques vns non encores ſatisfaicts
des raiſons & argumens ſuſ-alleguez, in-
ſteront diſans que ceſte metamorphoſe
ne peut eſtre phantaſtique, c. d. faite ſimplement par illuſion, mais qu'il y a de la
realité, d'autant que ce n'eſt pas aux Sorcieres ſeules qui ſe ſont oingtes d'onguens, ou pris quelque potion, qu'il
ſemble qu'elles ſoient changees en beſtes, mais auſſi à ceux qui les regardent
qui ſont de ſens raſſis, & qui n'ont pris ny
onguent ny potions.

Ceſte obiection ne meriteroit vne reſ-
ponce particuliere, attendu qu'elle eſt
compriſe en ce que i'ay cy deuant reſ-
pondu, outre ce que d'ailleurs nul n'i-
gnore que le Diable ne puiſſe esblouir les
yeux des hommes, & faire voir en apparence choſes qui ne ſont point, comme il
ſe pratique ordinairement par les enchanteurs

chanteurs, ce qui se peut aussi faire par
des choses naturelles, comme par collyres, onguens, potions & parfuns, faits &
composez de certaines choses, comme
nous monstrerons à la fin de ce chapitre.
Mais auant que passer outre pour satis-
faire aux douteux, il conuient respondre
à ceste obiection, pour laquelle soudre &
vuider entierement, il faut distinguer l'illusion des regardans d'auec celle des Sorcieres ainsi metamorphosees en leur en-
tendemens; Car l'illusion de ceux qui regardent tels monstres n'est qu'exterieu-
re, & est causee par vn seul sens, assauoir
par les yeux, ausquels est representé vn
phantosme soubs la forme d'vne beste, &
la croyent estre vrayement beste, d'autant que les yeux trompez la represen-
tent pour telle au sens commun, & le
sens commun à la cogitatiue, & finalement la cogitatiue la renuoye à la me-
moire. Or l'illusion & impression des
Sorcieres est beaucoup plus grande, d'autant que tous leur sens sont trompez, tant
interieurs, qu'exterieurs, & ce par vn autre moyen que ne sont trompez les yeux

H

des ſpectateurs ; car premierement leur
ſens interieurs ſont trompez de violentes impreſſions d'vne vaine figure, & ſont
meſmes pouſſez de fulie que leur exci-
tent naturellement tels onguens, ou potions , de ſorte qu'elles croyent eſtre
vrayement beſtes , & à ceſte cauſe ayant
le ventre tourné contre terre à la façon
des beſtes marchent à quatre, ſe ſeruans
des mains au lieu de pieds de deuant ; Finalement eſtans ainſi diſpoſees, le Diable les entourne d'air eſpoiſſi, qui repre-
ſente exterieurement à tous les ſpectateurs la forme d'vn loup, & emporte ainſi
la Sorciere ſoubs ceſte forme par monts
& vaux, Car les hommes ne peuuent voir
le Diable que ſoubs quelque forme corporelle, ou phantoſme.

Ainſi en l'hiſtoire de Sainct **Clement**,
nous liſons que Simeon le Magicien fiſt
en ſorte que tous les amys de Fauſtinian
le meſcogneurent , puis il dit à Neron
l'Empereur, qu'il luy fiſt trencher la teſte, l'aſſeurant qu'il reſuſciteroit le troiſieſme iour ; ce que fiſt Neron, comme il
luy ſembloit , & trois iours apres il re-

tourna, dequoy Neron eſtonné, luy donna vne ſtatuë dans Rome, auec telle inſcription, *Simoni Deo ſancto mago. c. d.* Au Dieu Simon ſainct Magicien, & depuis Neron s'addonnat entierement aux ſorceleries. Or Simon le Magicien auoit tellement faſciné les yeux de Neron & de toute l'aſſemblée qu'ils decolerent vn mouton au lieu de Simon.

Apulée recite le ſemblable de trois hommes qu'il penſoit auoir tué, qui eſtoient trois peaux de boucs eſtant faſciné par la Sorciere Pamphile : Le meſme ay ie veu pratiquer ſouuentesfois à des Enchanteurs, leſquels decouloient auec effuſion de ſang, comme il ſembloit aux ſpectateurs, des ieunes enfans, & apres reprenoient la teſte, laquelle ſembloit eſtre ſeparee du corps, puis l'agençoient ioincture contre ioincture, nerf contre nerf, puis ayans faits quelques ceremonies, ils inſpiroient dedans, ce fait, l'enfant ſe releuoit ſoudain gaillard & diſpos.

Ainſi auſſi vn certain Gentil-homme nommé de la Pierre, de la ville de Grand-

son en Suisse, vendit à Hyuerdon à des
Bourguignons en plein marché des bouchons de paille pour des pourceaux bien
gros & gras, comme il sembloit aux
Bourguignons qui les auoient maniez &
sentis: Les pourceaux estans vendus, il
leur defendit de les mener par vn ruisseau qui estoit entre Hyuerdon & Grad-
son: Mais nonobstant la defense ils les
menerent par ce ruisseau, dans lequel
estans entrez, les pourceaux disparurent
& ne virent que des bouchons de paille
que l'eau emmenat. Quoy voyant, bien
estonnez, retournerent à Hyuerdon au
logis que leur auoit assigné ledit de la
Pierre, lesquels attendant s'estoit ietté
sur vn lict, où il faisoit semblant de dor-
mir profondement, les Bourguignons
arriuez, la chambriere monte en la chambre pour l'esueiller, mais ne l'ayant peu
esueiller par sa parole, elle fut contrainte
de le tirer par l'vne des iambes assez fort,
laquelle luy demeura entre les mains, e-
stant, comme il luy sembloit, separee du
corps, dequoy bien affligee, pensoit l'a-
uoir tué, & pour mieux en estre asseuree,

elle voulut regarder ſa face qui eſtoit
tournee de l'autre coſté, Mais comme elle luy penſa tourner la teſte de ſon coſté
pour luy voir la face, la teſte luy demeura
entre les mains ſeparee du corps, comme
il luy ſembloit, quoy voyant, à pleurs &
à cris penſant l'auoir entierement tué,
deſcend en bas pour compter auec ſa
Maiſtreſſe & s'enfuir : Mais l'hoſteſſe la
voyant ainſi eſpleuree, & ſur ſon deſpart,
voulut ſçauoir la cauſe qui l'eſmouuoit à
ce faire, laquelle ayant declaree auec
grande difficulté, l'hoſteſſe monte en la
chambre pour ſçauoir la verité du faict,
ou eſtant artiuee, trouue ledit de la Pierre
eſueillé ſe pourmenant par la chambre,
de ſorte que les pleurs furent changees
en riſees, & rendit l'argent aux Bourguignons.

Le meſme eſtant en la Nopce d'vn
certain Gentil-homme, où il y auoit pluſieurs Dames & Damoiſelles qui dan-
çoiét ſeules en vne chambre à part, print
vn petit tambour qu'il gardoit à ceſt
vſage, puis s'eſtant approché contre la
porte pour le toucher doucement, au

premier son d'iceluy, les Dames croyoiêt
que ce fuſt le bruit d'vn ruiſſeau qu'elles
virênt à l'inſtant ſortir de la muraille,
comme il leur ſembloit, lequel s'accroiſ-
ſoit, ou appetiſſoit ſelon qu'il touchoit
fort, ou bellement le tambour. Ce voyât
les Dames, comme rauies & enſorcelées,
leuoient peu à peu leur robbes depeur
de les moüiller, & en fin le ruiſſeau s'ac-
croiſſant de plus en plus, furent côtrain-
tes de leuer & robbes & chemiſes iuſques au nombril, dequoy eſtant content
le dit de la Pierre & les Spectateurs qui
eſtoient en dehors auec luy, le fit diminuer peu à peu, & à la fin diſparoir entierement. Car s'il eut continué à le faire
aggrandir, elles ſe fuſſent eſpouuantées,
& peut eſtre fuſſét deffaillies par la crainte de ſe ſubmerger.

Comme ce Gentil-homme ne ſe dele-
ctoit qu'à paſſer le temps plaiſamment,
vne fois allant voir ſes metiueurs ſur le
haut du iour, leur donna lalarme, & la
fuitte, les tançant fort aſprement de leur
negligence, entant qu'ils voyoient bien
l'ennemy à leur ſalons qui auoit tout

enuay le païs & ne daignoient encor se
sauuer, ou secourir les leurs. Les Meti-
neurs bien estonnez, regardans derriere
eux virent vne tresgrande armée (car ils
sit que du chaume, il leur sembla en apparence que c'estoit soldats & picquiers)
de laquelle estat effrayés, gaignans tous
aux pieds qui deça, qui dela sans s'arrester iusques à la ville, ou ils feurent moc-
quez.

Ainsi fut trompé vn Moine (comme
raconte sainct Hierosme en la vie des
peres chappitre 28.) voyant le Diable
soubs la forme d'vne belle femme qui
l'allechoit souuentesfois à l'acte Vene-
rien, à laquelle le pauure Moine voulant
obtemperer, fut fait semblable au cheual & au mulet qui n'ont point d'entendement, car alors qu'il la pensa embras-
ser pour prendre son plaisir charnel, ce
phantosme, qui n'estoit qu'vne ombre,
s'escoula d'entre ses bras auec vn bugle-
ment horrible, & ainsi laissa le pauure
miserable auec grande mocquerie.

En ceste façon Lucian fut transformé
en Asne, & redeuint homme apres auoir

mangé des roſes qu'vne chambriere luy
auoit enſeigné : Ainſi auſſi Apulee fut
transformé en Aſne, & les Arcades en
Loups : Ainſi eſtoient tranformez en
cheuaux & aſnes ceux qui (comme raconte Sainct Auguſtin) auoient mangé
le fourmage empoiſonné par les femmes
gardiennes du beſtail experimentees en
ceſt art, & portoient les charges, qu'ont
les cheuaux accouſtumé de porter, & incontinent apres ils reuenoient en leur
premiere nature; ce que le Diable faiſoit
afin de tant mieux authoriſer ſon menſonge & impoſture, de part & d'autre,
Car, comme dit tres-doctement Sainct
Auguſtin en la Cité de Dieu, ny l'eſprit
de l'homme, ny ſon corps, ne peuuent
eſtre veritablement (comme i'ay auſſi
monſtré cy deſſus) transformez par art,
ou puiſſance du Diable en membres, ou
lineamens des beſtes, d'autant que les
Diables ne peuuent creer les natures,
Mais ſeulement peuuent faire qu'vne
choſe ſemble eſtre ce qu'elle n'eſt pas.

　Laiſſons maintenant les ruſes & im-
poſtures du Diable, & eſſayons de mon-
　　　　　　　　　　　　　ſtret

trer que naturellement, & sans aucun
artifice des Demons, on peut voir, ou
faire apparoistre des choses estre, & qui
toutesfois ne sont point, & commen-
çons premierement par la Lycanthropie.

I

DE LA LYCANTHROPIE
NATVRELLE.
CHAP. VI.

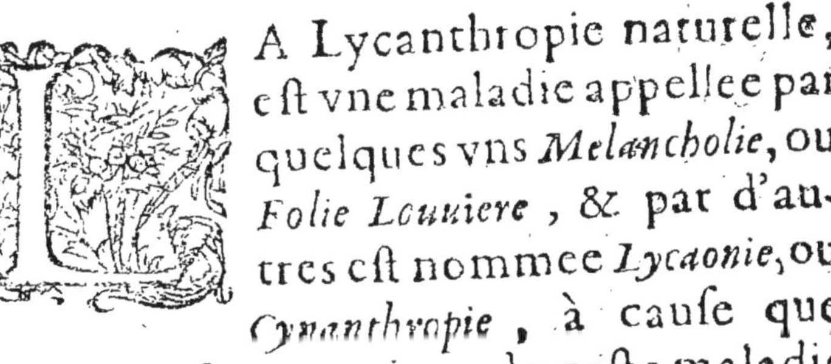

A Lycanthropie naturelle, est vne maladie appellee par quelques vns *Melancholie*, ou *Folie Loumiere*, & par d'autres est nommee *Lycaonie*, ou *Cynanthropie*, à cause que ceux qui sont atteints de ceste maladie pensent estre transformez en loups, ou en chiens, ce qui leur aduient par les fumees de la melancholie aduste, ou cholere noire qui monte au ceruceau & trouble tous les sens, & principalement l'Imaginatiue, laquelle est grandement offensee, à ceste cause ils croyent ouyr & voir en dehors ce qui est en dedans, & consiste en l'humeur, & vapeur du cerueau, d'autant que les erreurs causées par la maladie de l'Imaginatiue deprauee

par telle humeur & vapeur, font tradui-
tes & renuoyees aux fens exterieurs: Parquoy ces Lycanthropes fortent de leur
maifons principalement de nuict, & fui-
uent les loups, comme les Cynanthro-
pes les chiens, ils font pafles & ont les
yeux enfoncez & haues, ils ne voyent
qu'obfcurement, comme s'ils eftoient
entournez de tenebres, ils ont la langue
fort feiche, & ont foif, n'ayans aucune
faliue en la bouche, ils ont auffi les os des
iambes tellement efcorchez, à caufe
qu'ils s'y heurtent fouuent, & que les
chiens les y mordent, qu'à grand peine
les en peut on guerir.

La cure de telle maladie eft prefque
femblable en tout & par tout à celle des
Maniaques, ou *Melancholiques*, defquels i'ay
parlé en noftre liure intitulé, *de Veneficis.*

Ainfi crois-ie que Lycaon Roy d'Ar-
cadie (du nom duquel elle a auffi pris
fon nom de *Lycaonie*) à raifon de fes
meffaits, fuft changé en loup par Iupiter,
comme efcrit Ouide au 1. liure de fa Me-
tamorphofe, quand il dit.

Il s'enfuit eftonné, & trouuant le filence

Dans les champs esgarez qu'il quiert pour
demeurance
Il hurle, & vainement il s'efforce à parler.

Cecy peux-ie bien affirmer, à cause
que le Diable ne peut par plusieurs iours
de suite faire apparoir telles choses, ce
qu'aussi ne peuuent les potions, collyres,
ou onguens que pour quelques iours, lesquels expirez, ou l'homme retourne en
son premier sens, la force de ces medicamens estant dissoute, & surmontee par la
nature, ou bien l'homme meurt vaincu
par la violence de telles compositions:
car tout ce qui est violent ne peut lon-
guement subsister en mesme degré.

Auicenne Medecin tres-renommé
entre les Arabes, à aussi remarqué que
plusieurs estans tourmentez par ceste
cholere noire & aduste, ont pensé estre
Lyons, ou Diables, ou oyseaux, comme
nous en auons allegué plusieurs exemples au chapitre de la Manie, ou fureur
melancholique, liure *de Veneficis.* Maintenant voyons si par potions, collyres &
onctions on peut faire apparoistre telles,
ou semblables choses.

DES CHOSES NATV-
relles qui ont vertu de repreſenter à
l'Imaginatiue choſes qui ne ſont
point preſentes en effect,
mais ſeulement en
apparence.

CHAP. VII.

TOVT ainſi que les ſens des Lycanthropes ou Cynanthro-
pes ſuſdits ſont trompez & de-
çeuz naturellemét par la vertu des vapeurs & fumees interieures
qu'exhale la cholere noire en leur cer-
ueaux. De meſme auſſi peuuent ils eſtre
trompez, par potions, & poudres priſes
interieurement, ou par collyres, onctions
& parfuns faicts à l'extérieur, compoſez
d'herbes, fruicts, ſemences, racines, ſucs,
bois, & de quelques parties de certains

animaux, lesquelles choses ont vertu de
troubler & tromper les sens, en leur re-
presentant des vaines figures des choses
qui ne sont point presentes en effect.

De telles & semblables choses les
Turcs composens vne certaine poudre
qu'ils nomment *Heiran luc* (que ie tairay
pour le present) laquelle estans prise au
poids d'vne dragme, ou enuiron, fait perdre la parole, puis incontinét apres cause
vn ris & ioye à celuy, qui la prise, d'autant
qu'il pense voir choses merueilleuses &
plaisantes, & pour ceste cause fait detels
gestes du corps qu'il esmeut les assistans à
vne fort grande risée, puis estant venu en
son bõ sens, il racôte qu'il à esté en diuers
lieux, & qu'il a veu choses grandes & es-
merueillables: On attribue aussi les mesmes vertus, ou pour le moins semblables
à *Geotephillide* quand elle est prise auec du
vin, & de la myrrhe: Le *Stramonium* dit des
latins *Solanum* en fait autât, & principale-
mét ceste espece qui est dite des Italiens
belladona, & plusieurs autres : lusage &
composition desquelles choses ie tairay
acause des meschants qui tournent tout

à mal par leur affections deprauées.

Iehan Baptiste Porte Neapolitain raconte au huictiesme liure de sa Magie
naturelle que quelques siens amys pou-
uoyent quand bon leur sembloit par vne
certaine potion aliener tellement vn
homme de son sens, que facilement il se
persuadoit estre methamorphosé, ou en
oyseau, ou en autre animal, & ce selon la
variable composition de telles potions,
car d'aucunefois ils faisoient vne potion,
en vertu de laquelle celuy qui l'auoit prise
se persuadoit estre changé en poisson, de
sorte questans tombé par terre il esten-
doit ses bras & remuoit les iambes comme s'il eut volu nager, quelquesfois aussi
il se secoüoit en tremblotant, d'autrefois
il sembloit qu'il se submergeat. Ils fai-
soyent aussi vne autre potion, laquelle
alienoit tellement du sens celuy qui la-
uoit prise, qu'il se persuadoit entieremét
estre mué en oye, & becquoit l'herbe
auec sa bouche & de ses dents frappoit
contre terre comme font les oyes de leur
bec, il chantoit aussi, & s'efforçoit de
mouuer ses aisles.

Touchant ce mesme subiect, Iules Scaliger & Mathëole racontent vne hystoire notable des ioueurs de passe passe: Ils meslent, disent ils, la poudre d'vne certaine racine dans du vin, lequel estant bëu, picque le palais, ce fait, ils commandent à celuy duquel ils se seruent pour donner passe temps aux autres de mouïller le doigt en ce vin, puis le succer, afin de dire quel goust il a : Si tost qu'il l'a trépé & mis en sa bouche, il est contrain de le presser & mordre auec grand cris: D'autre costé le Basteleur, faisant semblant de le consoler, luy frote les temples & le poignet d'vn certain onguent, puis tire vne piece d'argent qu'il laisse choir exprés, & l'exhorte de la recueillir : s'estant baissé, il ne se peut releuer, & par la vertu de l'onguent deuient comme insensé, & tombe tout à plat, puis en mesme sorte qu'vn qui penseroit se noyer en l'eau, il nage, & crie que les flots de l'eau l'emportent. Le Basteleur le redresse sur ses pieds, ce faict, l'autre commence à le regarder de trauers, & luy reproche ces outrages, puis il semble courir sus au

Basteleur,

Bafteleur & le pourſuiure, ce qu'il conti-
nue iuſques à tāt que L'onguent ſoit oſté,
alors il reuient à ſoy, puis ſoudain comme vn qui ſeroit ſorty : & eſchappé du
naufrage, il tord & eſpreint ſes cheueux,
ſa barbe & ſes habillements, torche ſes
bras & ſe mouche fort.

Or afin que perſone ne reuoque en
doubte ces choſes, joſeray bien aſſeurer
qu'on peut faire de certaines choſes que
i'ay deſcrites cy deſſus, (en traiċtant de la
compoſition des onguents des Sorciers)
des potiōs particulieres par la vertu deſquelles il ſemblera qu'on ſoit changé en
l'animal duquel on aura meſlé les arte-
res, cœur & cerueau en ladite potion; Et
cas aduenant qu'on ne puiſſe auoir ces
parties de l'animal qu'on deſire faire ap-
paroiſtre, on poura ſimplement repai-
ſtre celuy, à qui ont veut donner telle
potion de la chair de l'Animal auquel on
deſire qu'il ſoit changé par imagina-
tion, & quelque heure apres luy donner
la potion, & on en verra l'effeċt, car s'il à
mangé de la chair de bœuf il ne verra
que des bœufs & croira eſtre changé en

K

bœufs:de sorte qu'il voudra ruër des cor-
nes comme font les bœufs.

Ainsi Pline escrit que la ceruelle d'vn
Ours estãs prise par la bouche dãs le t'est
du mesme Ours, esmeut tellement les
imaginations qu'on deuient farrouche,
cuidans qu'on soit changé en Ours auec
tout ce qu'õ regarde, & ce sans en ressétir
aucun mal par apres:Ce que d'aucuns af-
seurent auoir experimenté en la personne d'vn Gentil homme Espagnol, lequel
en eut la phantasie tellement troublée
que pensans estre transformé en Ours, il
s'enfuit dedans les montagnes & deserts.

A ce propos vn certain doct homme
en quelques siens liures, escrit qu'il se
peut faire certaines suffumigations &
inonctions qui contraignent les dor-
mans à parler, se pourmener, & faire des
choses questans esueillez ils ne pouro-
yent faire, n'y mesme ne les oseroient
entreprendre, & pour preuue de cecy, il
dit, qu'il sçayt faire vn collyre auec le
fiel d'vn hõme & les yeux d'vn chat noir
& quelques autres choses qu'il ne nom-
me pas, lequel fera voir, & apparoistre en

l'air, ou ailleurs les ombres des Demons.

Le mesme autheur parlant des parfuns, dit, que si on se parfume auec de
la semence de lin & de psellium auec
les racines de violettes & d'ache, qu'on
verra les choses futures, iten que si on
faict vn parfun auec la racine de bru-
yere, le suc de cyguë, de iusquiame
& semence de pauot noir auec quelques
autres choses, qu'on verra des figures fort
estranges, iten que pour chasser les mauuais esprits & phantosmes nuisibles, il
faut faire vn parfun auec calament, pi-
uoine, mente, & palma Christi. Il ensei-
gne aussi qu'on peut assembler les ser-
pents par le parfun des os de l'extremité
du gosier de Cerf, & qu'au coutraire, on
les peut chasser & mettre en fuite, si on
allume la corne du mesme Cerf. Iten
que l'ongle du pied d'extre d'vn cheual,
ou d'vne mule allumée dãs vne maison,
chasse les souris, & celle du pied gauche,
les mousches. Il dit aussi que si on fait vn
parfun auec le fiel de seche, de thymia-
mas, de roses & du bois daloës, & qu'e-
stant allumé on y iette dessus de leau, ou

du fang , que la maifon femblera eftre
pleine d'eau, ou de fang, & que fi on iette
deffus de la terre labourée, qu'il femble
que toute la terre tremble.

Cecy ay ie voulu efcrire afin de monftrer combien font grandes les forces de
la nature, & combien eft par confequent
vaine, voire deteftable la prefomptió de
ces fots efcriuains, qui pour ne pouuoir
entendre & cóprendre les grands fecrets
de la Nature threforiere de toutes les vertus que Dieu à d'efparti aux creatures
qui font foubs la concauité des cieux, ils
font contrainéts par leur brutale ignorance, quand ils voyent quelque chofe
arriuer extraordinairemét, d'en raporter
les caufes aux demons, non fans grande
impieté, car en ce faifant , ils femblent
vouloir eftablir vne feconde Deité : Ce
n'eft donc de merueille fi ignorans les
caufes des chofes, ils tombent en telles
abfurditez, aufquelles ils ne feuffent tó-
bes, s'ils n'euffent colloqué la fcience &
doctrine en vain babil & bonne opinion
deux mefmes contre tout droit de raifon, car la vraye fcience eft appuyée fur

la cognoissance des causes lesquelles de-
pendent d'vne seule cause causante, qui
est Dieu, lequel à la creation à departi à
vne chacune creature, selõ son espece &
dignité, vn pouuoir & vert particulieres,
lesquelles elles ne peuuent outrepasser,
& selon ces proprietez & vertus donnees
à vne chacune espece, Adam leur imposa
leur noms pour les distinguer les vnes
d'auec les autres: De surplus, il faut croire que comme Dieu est l'autheur de toutes choses, qu'aussi il en est le seul conseruateur & protecteur, s'estant reserué ceste prerogatiue, de creer, donner vie, &
changer les formes en autres, bref de faire tout ce que bon luy semblera de ses
creatures, car c'est à luy seul qui les a faites & façonnees de les pouuoir, ou changer, ou destruire, & non à autre.

Ces fondemens posez, comme inex-
pugnables, il sera aisé de renuerser les argumens de ces turbulens formez bruta-
lement & reduits en la figure d'vn Nes-
cio, concluant par vn Ergo. Mais pour
reuenir à nostre subiect, quand ils enten-
dent par les confessions des Sorcieres

qu'elles se transforment en loups, ou autres animaux, ils ne se contentent pas
seulement de le croire : Mais passent outre, & maintiennent que le Diable le
fait, & pour comble de leur impieté, ils
adioustent par la permission de Dieu. Or
auant que de precipiter ainsi son iuge-
ment, ne falloit-il pas premierement ad-
uiser si cela se pouuoit faire reellement,
ou illusiuement, Or selon la verité de nos
fondemens & argumens cy dessus men-
tionnez, il ne se peut faire par aucunes
causes naturelles, ou puissance du Diable, qu'vn corps soit vrayement transformé en vne autre espece, D'où nous concluons que cela se fait illusiuement.

Que si, pource que Dieu aucunefois à
fait & permis des miracles, il falloit croire indifferemment qu'encores commu-
nement il en fait, & permet, il n'y auroit
aucune ferme & stable foy, & faudroit
douter de toutes choses, voire (veu que
Dieu peut faire l'opposite) des articles de
la foy, laquelle est le fondement des choses qu'on espere, & certification des choses qu'on ne voit point, comme dit sainct

Paul *aux Hebrieux* chap. 10. C'eſt pourquoy qui demanderoit auiourd'huy miracles, ce feroit figne d'infidelité & de
mauuaiſe generation, comme il eſt eſcrit
en ſainct Luc chap. 11. & en S. Mathieu
chap. 12. & 16.

Qui plus eſt, fi ie voulois conceder
toutes choſes eſtre, ou aduenir, que
Dieu a fait, ou qu'il peut faire, i'aurois à
croire de merueilleux cas ; Meſmes fi de
tel argument (Dieu a fait, ou peut faire,
doncques Dieu fait) il y auoit cauſe &
raiſon fuffiſante que Dieu fait, ou fera
cela, toute Philoſophie & diſpute des
choſes diuines periroit, d'autant que
Dieu peut faire nouueaux articles, &
deſtruire les vieux & anciens. Que s'il
falloit croire toutes choſes, comme veut
le Poëte Linus, pource que toutes choſes font poffibles à Dieu, Certes toute
ſcience, tant diuine que humaine periroit, & tous les moyens de difcerner le
faux d'auec le vray, nous feroient oſtez,
d'autant que nous ferions comme con-
trainćts à croire les choſes, voire les plus
eſtranges & enormes qu'on pourroit ex-

cogiter , & le plus ſouuent prendre le
menſonge pour la verité , pource que la
toute-puiſſance de Dieu nous obligeroit
à ce faire , nonobſtant que nos ſens & raiſon y repugnaſſent , voire meſme l'Eſcriture ſaincte: C'eſt pourquoy auiourd'huy
nous voyons gens de grande literature &
reputation eſtimer aucunes œuures quaſi
miraculeuſes & par deſſus nature , deſquelles le ſçauant en perſpectiue, ſçauoir
eſt en ſcience naturelle, euſt facilement
rendu raiſon , & attribuent aucunes maladies aux Diables, la cauſe deſquelles eſt
purement naturelle.

Au reſte ie ne veux pas nier que Dieu
par ſoy & ſes ſeruiteurs n'ait fait pluſieurs
miracles, & que par les mauuais Eſprits
& Magiciens il ne face, ou permette qu'il
ſe face, & n'ait fait maintes admirables &
merueilleuſes choſes à ſon honneur , &
au ſalut des bons & aueugliſſement des
reprouuez , & non au contraire. Que ſi
par violence de tourmens les mal fai-
cteurs Magiciens, ou les miſerables Sorcieres confeſſent & affirment auoir faict
des cas eſpouuantables , il ne faut adiou-
ſter

ster foy à telles personnes, car vrayement
ne les ont faicts, combien qu'elles le
pensent & croyent : Ce qui est confirmé
au droict Canon. c. Episcopi eorumque mini-
stri 26. q. v. où il est dit en substance. Quand
Sathan à saisi la teste d'vne femme, & a subi-
iugué ceste femme à soy par infidelité, subite-
ment il se transforme en especes, ou semblances
de diuerses personnes, & abusant en sommeil-
lant l'Esprit qu'il tient captif, maintenant mon-
strant choses ioyeuses, maintenant choses tristes,
maintenant gens cogneuz, maintenant inco-
gneuz, il la meine çà & là. Et combien que
le seul Esprit endure & souffre cela, l'infidele
pense que cela n'aduienne à l'Esprit, mais au
corps.

Que si on vient à resister aux choses
susdites, disant que selon icelles il ne faudroit croire à aucun miracle : Nous res-
pondons que la consequence n'est pas
bonne & valable, veu qu'il n'y a miracle
sans cause & raison, & qu'il n'y en a aucune meilleure que la foy de nostre Seigneur Iesus-Christ, pour laquelle ils sont
faicts. Mais que comme l'Eglise n'a besoing de miracles, pource que la foy

L

Chreſtienne eſt aſſez approuuee & confirmee, tant par miracles & martyres, que
par grands & fort ſçauans perſonnages
qui ont ſans doute conſenti à iceux a-
pres innumerables probations & que-
ſtions. Auſſi ne s'en fait-il plus, que s'il
s'en fait, ils ſe font immediatement par
Dieu, ou mediatement par ſes Saincts
Anges & Seruiteurs, le tout à ſon honneur & gloire, pour ſe faire admirer &
redouter dauantage, lors que nous ſom-
mes par trop laſches & retifs à faire noſtre deuoir. D'où nous concluons que
c'eſt vne hereſie, voire blaſpheme, de dire que Dieu donne telle puiſſance extraordinairement au Diable, ou que par
ſon moyen il parface ces miracles, leſquels ne ſont que pour confirmer les
maluiuans en la ſeruitude du Diable, &
authoriſer leurs abominables & execra-
bles aſſemblees conuoquées en meſpris
de Dieu & de ſa parole, & pour la deſtru-
ction du genre humain : Ne ſeroit-ce pas
faire Dieu autheur d'iniquité, & deſtru-
cteur de ſa propre gloire ? Dieu dis-ie, qui
eſt autheur de Iuſtice & de tout bien, &

qui s'eſt ſur toutes choſes reſcrué la vengeance & la gloire. Ia n'aduienne donc
que Dieu participe aux iniquitez des
meſchans, comme couuertement le veu-
lent inferer ceux qui maintiennent telles
Metamorphoſes & Extaſes eſtre reelles.

L ij

REFVTATION DES

opinions & Argumens que Bodin allegue au 6. chapitre de sa Demonomanie, pour maintenir la realité de la Lycanthropie des Sorciers.

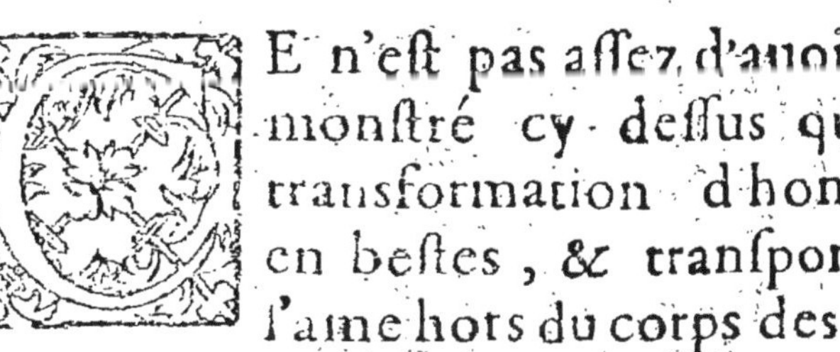

E n'est pas assez d'auoir demonstré cy-dessus que la transformation d'hommes en bestes, & transport de l'ame hors du corps des Sorciers, ne sont que pures fables & illusions du Diable; Si nous ne refutons aussi les argumens principaux, sur lesquels se fondent ceux qui maintiennent telles choses estre reellement faites, entre lesquels Bodin tient le premier rang : C'est pourquoy à present nous refuterons ses opinions & argumens qu'il allegue pour

les souftenir, proteftant n'eftre pouffé à
ce faire par ambition, ou haine quelconque, Mais feulement pour maintenir
l'honneur de Dieu, contre lequel il femble s'eftre voulu armer, & ofter la croyance de chofes fi deteftables & ridicules à
ceux qui pourroient auoir efté feduits
par fes argumens, defquels ie monftre-
ray la fauffeté en les retorquant contre
luy-mefme: Car luy, & fes adherans pour
eftre mal inftruicts tant en la foy Chre-
ftienne, qu'en la Philofophie naturelle,
ne peuuent aduoüer que cela fe face illu-
fiuement, ains eftans par trop credules,
affeurent telle transformation eftre reellement faite par le Diable, preffez de rechef par l'impuiffance du Diable, ils re-
courent à la permiffion de Dieu, par où
ils defcouurent de plus en plus leur ignorance, Car permettre vne chofe, eft au-
thorifer, ou n'empefcher celuy qui peut
defia telle chofe, de la faire, Or eft-il que
le Diable n'a iamais eu pouuoir de faire
telles chofes, ny deuant fa cheute, ny
apres, s'enfuit donc que cefte permiffion
eft nulle, car pofez le cas que Dieu le

L iij

permit, ou ne l'empeſchat (s'il faut ainſi
parler) ſi eſt-ce qu'il ne le pourroit exe-
cuter, d'autant qu'il n'en a pas le pouuoir, & qu'il ne peut outre-paſſer ce qu'il
a receu au commencement, ny meſme
ne peut faire ce que ſelon la Nature de
ſon eſſence il pourroit, à cauſe qu'il a perdu ſon liberal arbitre & eſt bridé, en ſorte qu'il ne peut rien faire de luy-meſme,
ſi Dieu ne le permet, Mais ſelon ceſte
permiſſion le Diable ne peut rien des
choſes ſuſdites, Doncques leur conclu-
ſion eſt fauſſe & inepte ; Car qui a-il de
plus ridicule que de baſtir vn argument
ſur l'impuiſſance de quelqu'vn à faire
quelque choſe, & puis apres en conclurre
vne puiſſance du meſme de faire la meſme choſe, eſt-ce pas ſe dementir ſoy-
meſme, & aſſeurer que le froid eſt chaud,
& que le chaud eſt froid ? Icy doncques
faudra qu'ils confeſſent auoir failly par
ignorance, ou malice, ou bien, pour
comble de blaſpheme, qu'ils diſent que
Dieu donne telle puiſſance extraordinairement au Diable.

En quoy nous remarquerons trois ab-

surditez, voire hereſies damnables, La
premiere eſt, d'accuſer Dieu de fauoriſer
plus le Diable que les Anges, & qu'aucune autre creature, Car nous ne liſons
point en l'Eſcriture ſainſte que Dieu aye
iamais donné telle, ou ſemblable puiſſance à aucune creature : La ſeconde, eſt
d'accuſer tacitement Dieu d'eſtre de-
ſtructeur de ſa propre gloire, de laquelle
luy-meſme à dit ſi expreſſément en eſtre
ialoux, & qu'il ne la veut communiquer
aux creatures, d'autant qu'à luy ſeul eſt
deu honneur & gloire : La troiſieſme, eſt
d'accuſer Dieu d'authoriſer le peché en
le confirmant par miracles qui ſurpaſſent
entierement la nature tant des bons que
des mauuais eſprits, ce que toutesfois il
nous enſeigne auoir en horreur. D'où
nous concluons que c'eſt vn blaſpheme
d'aſſeurer que Dieu permette, ou donne
telle puiſſance au Diable ennemy de ſa
parole, & du genre humain, comme Bodin le maintient au ſecond liure de ſa
Demonomanie chap.6.citant pour preuue hors de propos le paſſage de Iob, qui
dit qu'il n'y a puiſſance ſi grande ſur la

terre qui puiſſe reſiſter au Diable ; La
raiſon de cecy en eſt tres euidente, d'autant qu'il a receu vne eſſence ſpirituelle,
qui eſt par deſſus l'Elementaire; Mais cecy ne conclud pas pour cela que Dieu
luy aye donné la puiſſance de changer les
corps. Veu que Iob parle ſeulement de la
puiſſance qu'il a receuë en ſa creation, laquelle eſt encore bornée par la volonté
de Dieu, à cauſe des eſleuz, à laquelle
ils reſiſtent par la parole de Dieu.

Ce paſſage donc extorqué de Iob ne
conclud rien, non plus que les autres
qu'il cotte & corrompt fauſſement, leſquels, afin que la verité en ſoit tant plus
euidente, ie refuteray les vns apres les
autres, commençant par celuy de *Nabu-*
chadnezar, lequel Bodin aſſeure auoir eſté
vrayement metamorphoſé en bœuf, ce
que (quand ainſi ſeroit) ne peut rien conclurre, Car ſi la transformation eſt vraye,
elle a eſté faite immediatemét par Dieu,
comme le demonſtre la voix du Ciel, &
non par Sathan, duquel il n'eſt fait aucune mention, ioint que d'ailleurs Daniel
ne dit pas qu'il ait eſté vrayement changé
en bœuf,

en bœuf , mais seulement il parle par
comparaison, disant qu'il mangeoit l'herbe comme les bœufs , & estoit teint de la
rosee du Ciel , pourquoy expliquer , il
adiouste que le poil du corps luy creut &
deuint tellement grand qu'il ressembloit
du poil aux Aigles , & des ongles aux oyseaux : Par ou nous voyons qu'il n'estoit
vrayement bœuf , Mais que comme il
ressembloit aux bœufs en mengeant le
foin , & viuant par les bois auec les bestes , qu'aussi il ressembloit de son grand
poil aux Aigles , & de ses ongles aux oyseaux, non pas qu'il fust Aigle , ou oyseau,
non plus que vrayement il n'estoit point
bœuf , encores qu'il creut estre tel , pour
auoir le cœur & sens d'vn bœuf : Car iaçoit que Dieu seul eust peu le changer
vrayement en bœuf, ou en pierre , voire
le reduire à neant , en tant que le Createur peut faire ce que bon luy semble de
ses creatures, si est-ce que quand Dieu
veut punir & abaisser les hommes , il le
fait ordinairement par maladies , fami-
nes, & guerres , comme nous voyons aux
Pseaumes de Dauid , à qui Dieu donna

M

le choix de ces trois fleaux, Car par iceux
il abaisse l'orgueil & ambitiõ des grands,
comme nous voyons en Herode, qui
pour n'auoir donné gloire à Dieu, fut
frappé de la maladie pediculaire, Saül
par la guerre; Israël par la famine; Pharao par les eaux.

Ainsi doncques est-il croyable que
Nabuchadnezar fust, pour s'estre attribué
la gloire qui est deuë à vn seul Dieu, frappé par vne vengeance diuine de ceste espece de melancholie noire, ou folie bouine, en sorte qu'en vn instant ses sens
furent tellement troublez & changez,
qu'il creut estre bœuf, & marcha à quatre, estant priué des fonctions de l'ame
intellectiue, C'est pourquoy, le peuple
voyant vn si subit eschange, & ayant ouy
du Ciel qu'il seroit chassé de la compa-
gnie des hommes, il ne se faut esmerueil-
ler s'il fut chassé, puis qu'ainsi le portoit
le decret diuin. Ce que Daniel aussi semble expliquer, quand il dit, que les sept
annees estant expirees, qu'il leua les yeux
au Ciel, & que son entendement luy fust
rendu par apres. Par ou nous voyons clai-

ſement qu'il n'eſtoit vrayemẽt bœuf,
mais homme : nonobſtant qu'il fûſt priué des fonctions de la raiſon pour vn
temps, lequel eſtant expiré, la maladie
à auſſi pris fin, de ſorte que ſe commençant à recognoiſtre homme, & ſe ſouue-
nant de la voix du Seigneur, & de ſa vie
bouine paſſee, laquelle comparee à ſa
grandeur & magnificence premiere, n'e-
ſtoit rien que abiection & brutalité, recognut qu'vn ſi ſubit & ſi grand eſchan-
ge ne pouuoit auoir eſté fait que par vn
Dieu ſupréme, contre lequel il auoit peché par ſon orgueil; Ce qu'ayant recogneu, il leua les yeux au Ciel, comme
implorant miſericorde, car celuy ſeul
qui de grand & glorieux, l'auoit humi-
lié, & rendu ainſi abiect & le plus contemptible de tous les hommes, le pouuoit auſſi d'abiect & contemptible, faire
le plus grand, & reſpecté de tous. Dieu
donc l'ayant receu à miſericorde, il re-
tourna en ſon premier ſens, & benit Dieu
en luy donnant gloire.

Quant à ce qu'il adiouſte, qu'apres
auoir beny & donné gloire à Dieu, que

M ij

fa forme luy retournat (non pas que fa forme, c. d. fon ame, luy fut oftee, mais eftant priuee de fes fonctions, & comme enfeuelie, elle luy fut renduë, c. d. il recognut comme par vn certain efueillement & mouuement de fon efprit, que les fonctions de fon ame commençoient à agir, dequoy il loüa Dieu) ce n'eft pas à dire qu'auparauant il euft la forme d'vn bœuf, car la raifon & l'entendement ne logent pas dedans vn bœuf, Il ne faut point auffi entendre que cefte forme fuft fpirituelle, ou corporelle, car de la fpirituelle qui eft l'ame intellectiue, il en a defia fait mention, comme auffi de la corporelle, quand il a dit qu'il leua les yeux au Ciel, outre ce que la corporelle ne peut demeurer entiere fans la fpirituelle : Par cefte forme donc, nous deuons entendre l'ornement exterieur du corps humain, lequel auoit efté depraué & changé par la grande abondance des poils qui couuroient tout le corps, & des ongles exceffiues en grandeur : Or d'autant que le poil & les ongles ne font point parties du corps, mais feulement

excremens, à cefte caufe i'ay dit que cefte forme n'eftoit point corporelle, mais
accidentale.

Par les raifons fus alleguees, il appert
affez clairement que l'obiection de *Nabuchadnezar* ne conclud rien , non plus
que celle des Magiciens de Pharao, lef-
quels Bodin affeure trop temerairement
auoir conuerty vrayement leur verges en
ferpens, & auoir fait des grenouïlles , &
pour toute preuue de fon affertion, il allegue que fi les ferpens des Magiciens
n'euffent efté que baftons , que le ferpent de Moyfe ne les euffe pas peu digerer; en quoy il fe monftre du tout ferial,
comme fi Dieu qui a conuerty la verge
de Moyfe en ferpent mouuant, & viuant, ne pouuoit auffi faire que ce ferpent deuoraft les verges des Magiciens,
lefquelles en apparence fembloient à
Pharao , & aux autres qui auoient les
yeux esblouis par les enchanteurs eftre
vrays ferpens.

Mais Dieu à qui rien ne peut eftre ca-
ché, pour monftrer que le menfonge ne
peut durer & refifter à la verité (laquelle

est Dieu mesme,) permit que le vray serpent deuoraſt les faux ſerpens des Magiciens, afin qu'à luy ſeul demeuraſt touſiours la gloire, puiſſance & honneur.
Ainſi quelquefois la verité eſt combatuë
par le menſonge, & pour vn temps demeure obſcurcie, Mais à la parfin vient
touſiours en euidence, & deſtruiſant le
menſonge demeure victorieuſe.

C'eſt donc impoſture de dire que le
ſerpent de Moyſe n'aye peu engloutir, ou
digerer les baſtõs des Enchanteurs, comme ſi ce ſerpent fait extraordinairement
par la puiſſance de Dieu, ne pouuoit à ſa
volonté les engloutir, & digerer, car ce
n'eſt pas choſe moins poſſible que le ſerpent de Moyſe engloutiſſe, voire digere
les verges des Enchanteurs, qu'il a eſté
poſſible que de la verge de Moyſe, il en
aye eſté fait vn ſerpent mouuant & viuant.

Mais diſputer incluſiuement de la
puiſſance infinie de Dieu qui a fait tout
de rien : ou bien auſſi diſputer naturellement des miracles que Dieu fait extraordinairement & ſupernaturellement, pour

confirmer fa parole, & fe rendre redou-
table aux hommes, n'eft-ce pas impieté
& blafpheme?

Parquoy temerairement Bodin affeure que les Enchanteurs à l'ayde du Diable
ayét chãgé vrayemét les verges en ferpés,
produits grenoüilles, & rougy les eaux,
Car il impofe à l'Efcriture fainǎe, laquelle nous enfeigne le contraire, & notam-
ment en Exode, où il eft dit que les Enchanteurs faifoiét le femblable par leurs
enchantemens : Or s'ils le faifoient par
enchantemens, comme il eft notoire, ce
n'eftoit point fimplement, mais en apparence, en mettant deuant les yeux du
Roy la feinte figure d'vn ferpent : Car,
comme dit tres-doǎement Iamblique
au liure des Myfteres, La fin de l'art Magique eft de ne point faire fimplement,
ains feulement de faire voir en apparence les chofes qu'on imagine, defquelles
incontinent on ne void ny pied, ny aifle,
ainfi qu'on dit en commun prouerbe.

Cecy auffi confirme Sainǎ Clement,
quand il dit, que les Magiciens de Pharao
fembloient pluftoft faire des fignes, que

veritablement en faire: A ceste cause les feints serpens des Enchanteurs ont esté engloutis par le vray serpent de Moyse, en signe & reuelation de l'imposture, & euidence de la verité: Cecy aussi est confirmé par Solomon au liure de la Sapience, chap. 17. ou, en descriuant les iugemens de Dieu sur les Egiptiens qui detenoient captif le peuple de Dieu, il dit au verset 7. que les illusions d'art magique estoient abatuës auec honteuse reproche de l'orgueil qu'il auoient de leur science. Le mesme, parlant de la punition espouuentable des Egiptiens, dit au chapitre 18. verset 13. que ceux qui n'auoient creu à cause des sorceleries confesserent à la mort des premiers nez, que le peuple d'Israël estoit fils de Dieu.

Par où il appert que tout ce que faisoient les Magiciens de Pharao n'estoit qu'illusion & imposture faite à l'ayde des Diables qui esmouuoient les humeurs commodes à receuoir ces illusions, & pouuoient remplir de telles apparences que bon leur sembloit, l'esprit visuel des Egiptiens qui dependoient des Magiciens,

ciens & estoient idolatres, & par consequent idoines vaisseaux & organes de
Satan.

Ainsi les Turcs ont leur sorceleries à
l'aide desquels ils ramenent par force les
esclaues qui s'en sont fuis, car apres auoir
fait des imprecations & prononcé des pa-
roles estranges & horibles contre l'escla-
ue. Alors par la puissance du Diable le fu-
gitif estime que son chemin soit plein de
Dragons & de Lyons, où que la mer & les
riuieres desbordét pour le venir engloutir, où qu'il est en tenebres, & ces effrois
le ramenent à son Maistre.

Pour retourner à nostre propos Iustin
martyr en l'exposition des questions pro-
posees aux Chrestiens, question 26.
maintient que les miracles des Magiciens de Pharao n'estoient pas vrays miracles, ains ouurages des Diables qui
charmoient les yeux des regardans, Mais
qu'est il besoing de disputer dauantage,
puisque Sainct Paul mesme au second
chapitre de sa seconde Epistre aux Thes-
saloniciens, parlant de la destruction &
faux miracles de l'Antechrist, dit que sa

preſence eſt ſelon l'operation de Satan,
auec toute puiſſance, ſignes & miracles
de menſonge , & auec toute ſeduction
d'iniquité en ceux qui periſſent ; & adiouſte au verſet ſuiuant, qu'à ceſte cauſe
Dieu leur enuoyera efficace d'abuſion à
ce qu'ils croyent à menſonge : D'où nous
pouuons aiſément recueillir que pluſieurs ſeront ſeduits par les miracles men-
ſongers de ce fils de perdition , & que
tout ce que les Magiciens font, eſt illu-
ſoire.

Cecy eſt auſſi confirmé par Sainct Auguſtin, en expliquant ce paſſage de Sainct
Paul, où il dit que ces ſignes & prodiges
ſont appellez menſonge , ou , pource
qu'on les verra, combien que ce ne ſoient
que phantoſmes, ou, pource qu'ils pouſ-
ſeront les hommes en erreur. Concluons
donc auec Sainct Auguſtin , qu'encore
que les Diables par leur grande viſteſſe
puiſſent oſter & faire eſuanouyr quelques choſes, au lieu deſquelles ils peuuent ſuppoſer des dragons, des ſerpens,
ou autres ſemblables choſes, que neantmoins il ne faut pas penſer que la matie-

re de ces choses visibles soit assubjettie au
vouloir des Anges transgresseurs, ains
seulement à celuy de Dieu, qui s'est reserué la prerogatiue de creer & transformer les creatures en d'autres especes. Or
icy faut-il encore noter que le Diable ne
peut pas tousiours quand bon luy semble
faire telles illusions : Item, que ceux qui
ont les yeux purs & ouuerts par l'Eternel
ne peuuent estre deçeus par telles illusions, ains vóyent simplement la chose
telle qu'elle est, comme nous lisons d'Hy-
larion qui voyoit simplement, & reco-
gnoissoit celle estre femme que le commun peuple estimoit & croyoit estre vne
Iument.

De surplus, il faut remarquer que ces
illusions ne se font pas tousiours par les
malins esprits, Mais aussi quelquefois
par les bons Anges, ou par Dieu mesme
immediatement, qui a façonné & l'ouye
& la veuë, & ce à la priere des fideles,
comme nous lisons au second liure des
Roys chap. 3. où il est dit que les Moabites ayans entendu que Ioran & Iosaphat
Roys d'Israël estoient montez pour ba-

tailler contr'eux , ils aſſemblerent tous
ceux qui pouuoient porter armes, & au
deſſus , & ſe tindrent ſur les marches; Le
lendemain au matin le Soleil eſtant leué
ſur les eaux, Les Moabites virent vis à vis
les eaux rouges comme ſang, puis dirent,
c'eſt ſang : les Roys ſe ſont entrebatus, &
ſe ſont frappez l'vn l'autre : Maintenant,
ô Moabites, à la deſpoüille : & s'en vin-
rent aux tentes d'Iſraël : adonc les Iſraë-
lites s'eſleuerent & frapperent les Moabites, leſquels s'enfuirent deuant eux, &
& entrerent & frapperent les Moabites,
& deſtruirent leurs villes.

Au meſme liure chapitre 6. nous liſons
auſſi qu'à la priere d'Eliſee Dieu frappa
d'aueuglement les Syriens, qui auoient
ſelon le commandement de leur Roy
enuironné de nuiƈt auec vne grande armee la ville de Dothain , ou Eliſee de-
meuroit pour le prendre, Item, qu'auſſi
à la priere d'Eliſee Dieu ouurit les yeux à
ſon Iuuenceau pour voir l'armee cele-
ſte, de laquelle Eliſee ſe voyoit eſtre enuironné, pour le guarantir de tout dan-
ger, & l'aſſeurer contre ſes ennemis.

Au mesme liure ch.7.verf.6.nous lisōs
que le Seigneur fit que le cāp des Syriēs
qui tenoit assiegée Samarie, entendit vn
son de chariots & de cheuaux & d'vne
grande armée, tellemēt qu'ils dirent l'vn
à l'autre, Voyla le Roy d'Israël à loüé les
Roys des Ethiens & les Roys des Egiptiens pour venir contre nous, & se leue-
rent & s'enfuirent au poinct du iour, &
laisserent leur tentes, leurs cheuaux, leur
asnes & le camp comme il estoit & s'enfuirent pour sauuer leur vie.

Parquoy faussement Bodin à voulu
prouuer le contraire en peruertissant le
sens de l'Histoire sacree, d'où il ne se faut
pas esbahir si apres auoir imposé à Moyse
& Daniel, il tasche de persuader estre
vrayement & reellement fait, ce que raconte simplement Iean Tritesme Abbé,
assauoir que l'annee 970. il y auoit vn
Iuif nommé Bayan, fils de Syméon Prince des Bulgares, qui se transformoit en
loup, & se rendoit inuisible quand il vou-
loit. Or qui est celuy tant soit peu versé
aux lettres, qui asseure qu'vn corps composé de quatre elemens puisse estre ren-

du inuifible naturellement à noftre œil
fain & entier en plein midy, ou de nuiſt
à la clairté : Si telle choſe eſtoit vraye, ne
faudroit-il pas confeſſer que le corps ſe
reduifit en atomes de Platon? & qu'apres
il ſe reünit en vn corps par la concurren-
ce de l'influence des aſtres, comme enſeigne Platon, que ſi cela eſtoit, la forme
ſeconde du corps ſeroit diſſemblable à la
premiere, d'autant que tout Indiuidu de
quelque eſpece que ce ſoit, reçoit touſiours en ſa naiſſance quelque choſe de
particulier, pour le diſcerner d'auec les
autres de ſon eſpece, Mais comme ces
atcmes neſont que ſonges & reſueries
eſtranges de Platon, ou pluſtoſt chimeres
baſties en l'air, ſemblable eſt auſſi la con-
cluſion de Bodin. Doncques puis que ceſte inuifibilité ne ſe peut faire, attendu
que la nature des corps compoſez y repugne, ie concluds que c'eſt illuſiuement,
comme l'eſt auſſi la transformation en
loup. Or nonobſtant que ces choſes s'ac-
cordent en ce qu'elles ſont faites toutes
deux par l'artifice du Diable, ſi eſt-ce
qu'elles different eu eſgard à leur fin, Car

l'vne fait voir ce qui n'eſt pas , & l'autre
empeſche de voir ce qui eſt : En la premiere , l'Imaginatiue eſt trôpee par la re-
preſentation d'vne feinte & vaine figure;
En la ſeconde , les yeux ſont esblouys &
charmez , ou bien le Diable deſtournoit
& empeſchoit les yeux des aſſiſtans de regarder le corps de Bayan , lequel il auoit
pris , comme en ſa protection , & ſoubs
ſon ombre : Comme donc le corps de
Bayan eſtoit rendu inuiſible par illuſion
diabolique , Auſſi ſemblablement il e-
ſtoit transformé en loup illuſiuement par
le meſme artifice du Diable , duquel il
eſtoit eſclaue.

Ainſi Circé Sorciere iadis fort renom-
mee changea illuſiuement , comme raconte Homere , les compagnons d'Vliſſe en pourceaux par potions , & non reellement , comme le maintient Bodin , dequoy Sainct Chryſoſtome le dement ,
quand il dit que la Sorciere Circé auoit
tellement abeſty les compagnons d'V-
liſſe par voluptez beſtiales qu'ils eſtoient
comme pourceaux , par ou il demonſtre
tres - clairement que leurs corps ne fu-

rent pas changez : mais seulement que
leur raison fust abestie & abrutie par leur
appetits desordonnez, & intemperance.
Ce qu'aussi confirme Socrate (comme
raconte Xenophon au commencement
des dits & faits de Socrate) Car apres a-
uoir loüé la temperance, & donné quelque precepte pour l'obseruer, il dit qu'il
estime que Circé à changé en pourceaux
ceux qu'elle nourissoit de plusieurs & diuerses viandes, & qu'Vlisse en partie par
le conseil de Minerue, & en partie par
son abstinence, auoit esté guaranty d'vn
tel abrutissement : Ainsi les Poëtes ont
feint les Arcades auoir esté changez en
loups, d'autant qu'ils viuoient en façon
de loups : car comme hommes cruels
& rauissans, ils se nourrissoient de chair
cruë, & par aduenture de l'humaine. Tres
à propos Pline se mocquant de telles res-
ueries, dit que l'on doit tenir pour certain que c'est vne chose fabuleuse de dire
que les hommes soient conuertis en
loups, & puis retournent à estre tels qu'ils
estoient, ou bien de croire toutes les
choses fabuleuses que nous pensons estre
aduenuës

aduenuës aux siecles passez : Le mesme
au liure 10. chap. 44. adiouste que c'est
vne chose esmerueillable combien s'est
estenduë la fole croyance des Grecs, car
il n'y a mensonge si impudent qui n'ait
son tesmoing.

Mais pour retourner à nostre Bodin,
Voyons si les argumēts qu'il allegue pour
prouuer que le Diable peut separer l'ame
du corps des Sorciers pour la y renuoyer
apres, ont plus de force que ceux qu'ils a
cy-deuant cotté pour maintenir la transformation d'hommes en bestes, & com-
mençons par celuy de Virgile (lequel il
cite mal à propos) contenu au 6. liure de
son Æneïde, ou discourant des enchantemens de la Sorciere Circé, tant cele-
bree par les Poëtes, dit, *Quæ se promittit*
soluere mentes, c'est à dire, qui se vante de
pouuoir rauir l'esprit en extase; ce qui se
doit entendre par forte & assiduelle me-
ditation & contemplation des choses
hautes, ausquelles l'esprit estant comme
conioint & attaché, il s'oublie soy-mes-
me, & est comme absent de son corps, &
deslié des sens: Il ne faut pas donc enten-

dre ceſte extaſe eſtre vne ſeparation de
l'ame d'auec le corps, comme le veut inferer Bodin, car de cela Virgile s'en moc-
que, & raconte ſimplement les vanteries
ridicules de Circé, ſans rien en aſſeurer:
Car il n'y a homme tant ſoit il abeſty qui
croye que par aucun moyen du Diable
on puiſſe tirer la Lune du Ciel, faire retourner contre mont les riuieres à grand
haſte, changer les montagnes en valees,
& les valees en montagnes, faire ſortir
les ames des damnez des Enfers, oſter la
lueur & clarté aux Aſtres, ſuſpendre la
terre, deprimer les Cieux, & faire retro-
grader les Aſtres, & ſemblables autres
choſes, leſquelles la ſuſ. nommee Sorciere ſe iactoit à faux pouuoir faire, & toutesfois ne peut iamais attirer Vliſſe à ſon
amour par tous ſes artifices, nonobſtant
qu'elle en fuſt tellemẽt paſſionnée qu'elle en deuint furieuſe & comme enragee.
Par où il appert plus clair que le iour que
toutes ſes vanteries n'eſtoient que pures
menſonges & vanité, car il n'eſt au pouuoir de faire telles choſes qu'au ſeul Createur autheur de tout bien. Mais comme

vne abfurdité pofee, il en enfuit plufieurs
autres, c'eft pourquoy Bodin ne s'eft pas
contenté d'auoir voulu fouftenir ce pre-
tendu tranfport d'ame, ains a pafsé plus
outre adiouftant qu'à dire vray l'ame Ve-
getatiue, Vitale & Animale demeurent,
encore que les fens, mouuement & raifon foient defliez : Argument du tout
monftrueux & pueril : car qui a iamais
veu vn Animal fans fentiment, & fans vie
animale & mouuement, puis que c'eft le
fentiment & mouuement qui font l'animal, & qui le diftinguent d'auec le Vegetatif, comme fait l'ame intellectiue les
hommes, d'auec les autres Animaux:
Pour preuue de ce que deffus, il cite &
depraue l'Hiftoire de la Sorciere, de laquelle Iean Baptifte Porte fait mention
en fon liure de la Magie naturelle, & laquelle nous auons cy-deffus au long def-
crite, Car au lieu de ce que Baptifte Porte dit, que tout ce qu'elle leur refpondoit
eftoit faux, luy au contraire, dit que les
nouuelles qu'elle racontoit de plufieurs
pays furent auerees, en quoy on peut re-
cognoiftre fa fidelité à citer les autheurs:

O ij

Quant au second argument qu'il allegue, sçauoir est, que tous les simples so-
poratifs ne sçauroient empescher que
l'homme tant soit-il endormy ne sente le
feu appliqué au cuir, & que neantmoins
les Sorcieres ne sentent ny feu, ny douleur quelconque, estans rauies en extase,
A cest argument nous respondrons par
distinction, car il faut distinguer le sommeil causé seulement & simplement par
les medicamens narcotifs, d'auec celuy
des Sorcieres, lequel est causé par les
medicamens qui ont non seulement vertu d'endormir tres-profondement, mais
aussi de representer diuerses choses en la
phantasie, outre celles que le Diable y
moyenne, ce qui est cause que la Ratio-
cinatiue des Sorcieres estant fort intentiue sur les figures que le Diable & tels
medicamens moyennent) elles sentent
moins que les autres simplement endormies & assopies, sans auoir l'Imaginatiue
troublée par aucunes figures, à quoy leur
ayde beaucoup le Diable, car il luy est
fort aisé de leur oster tout sentiment
pour quelque temps, afin que ses ruses

ne soient descouuertes : Ainsi par plusieurs fois i'ay veu donner la question à
des Sorcieres, aux pieds desquelles, encore qu'on eust attaché vne pierre pesan-
te enuiron deux cens liures, si est ce que
elles ne sentoient aucune douleur, & ne
se mouuoient non plus qu'vne souche,
car le Diable (comme apres plusieurs ont
confessé) estoit entré dans elles, qui leur
ostoit & le sentiment & le mouuement
de la langue. Ainsi plusieurs s'estans charmez à l'ayde du Diable (auquel ils se donnent en garde pour 24. heures) resistent
aux balles d'arquebuses , & aux tren-
chans & pointes des espees, sans en receuoir autre mal qu'vne contusion noire;
Par où il appert que l'argument de Bodin
est en toutes ses conclusions faux & inepte, comme l'est aussi celuy qu'il a mis
pour son dernier refuge, & auquel, comme il dit, on n'a point encore respondu.
Pour prouuer donc que ce n'est pas ny
l'onguent, ny le sommeil, mais vn vray
rauissement de l'ame hors du corps, il dit
que tous ceux qui sont ainsi rauis, retournent demy heure apres, & aussi tost

O iij

qu'il leur plaist, & que cela est impossible
à ceux qui sont endormis par simples
narcotiques : A quoy ie responds qu'il
n'est non plus malaisé à Satan de dissiper
& chasser toutes ces vaines figures en es-
ueillant le corps, que d'esmouuoir telles
representations, endormir & assopir les
sens.

Ces Argumens auec les suf-alleguez
suffiront à present pour la refutation de
l'opinion erronée de Bodin, Parquoy
nous conclurons suiuant les tesmoigna-
ges cy-deuant cottez tant de l'Escriture
Saincte, que des Peres, tant aussi des anciens Theologiens, que des modernes, &
mesmes des Philosophes & Payens, qu'il
n'est à la puissance du Diable, ny des Sorciers de transformer vn corps en vn autre, ny aussi de separer l'ame du corps
pour quelque temps, pour la y renuoyer,
& que celuy, (suiuant les Decrets)est plus
meschant qu'vn Payen & infidele, lequel
pense que par vn autre que le Createur
de toutes choses, vne creature soit creée,
ou transmuee en mieux, ou pis, ou transformée en autre espece, ou similitude.

*A Dieu donc feul fage, immortel & inuifible,
foit honneur & gloire eternellement.*
Amen.

FIN.

Nous foubs-fignez Docteurs en la
Faculté de Theologie à Paris, cer-
tifions auoir veu & leu ce prefent
liure intitulé, *De la Lycanthropie, Transformation, & Extafe des Sorciers*, compofé par
le Sieur DE NYNAVLD, Docteur en
Medecine, auquel liure n'auons rien
trouué que de conforme à la Foy & Doctrine de l'Eglife Catholique, Apoftoli-
que & Romaine. Faict à Paris ce fixiefme
Auril 1615.

M. COLIN, Syndic.

FORGEMONT.

Nota, pag. 84. ligne 8. où il eft dit que le
Diable a perdu fon liberal arbitre, il le
faut entendre particulierement du bien.